Inhaltsverzeichnis

Vorwort
Seite

1. Die neuen Regeln **erleichtern** die Rechtschreibung...... 4
2. **Wie** man dieses Büchlein **benützen** kann 4
3. **Übersicht** über die wichtigsten Änderungen für Leser, die sich schnell informieren wollen 4-5

Die neuen Rechtschreibregeln
A) Laute und Buchstaben

1. *s*-Schreibung 6-8
2. Zusammentreffen **dreier gleicher Buchstaben** *(Brennnessel)* 9
3. **Neuerungen** bei
   Mitlautverdoppelung *(nummerieren)*, ... 10
   Umlautschreibung *(Gämse)* 11
   und in Einzelfällen *(Föhn)* 12-13
4. **Fremdwörter** *(Delfin,* auch *Delphin)* 13-16

B) Groß- und Kleinschreibung

1. Die **Großschreibung** der **Namenwörter** (Substantive) 18
1.1 Großschreibung der Namenwörter *(Stand, Rad)* in Verbindung mit Verhältniswörtern *(außer Stande)* und Zeitwörtern *(Rad fahren)* 18-20
1.2 Großschreibung der Namenwörter bei Tageszeiten nach Umstandswörtern *(gestern Abend)* 20-21
2. Zum **Namenwort erhobene** Wortarten einschließlich der wichtigsten Ausnahmefälle 21
2.1 zum Namenwort erhobene Eigenschaftswörter *(das Richtige)* ...21-27
2.2 zum Namenwort erhobene Ordnungszahlen *(der Dritte)* 27-28
3. **Eigennamen** 28
3.1 einfache und mehrteilige Eigennamen *(Sabine, Karl der Große)* 28

Seite

3.2 mehrteilige feste Begriffe mit Eigenschaftswörtern 29-30
(*das schwarze Brett*)
3.3 Ableitung von Eigennamen auf *-isch* oder *-sch* 30
(*die platonische Liebe, das ohmsche Gesetz*)
4. Die **Anrede** in Briefen und briefähnlichen Texten (*du, Sie*) 31
5. Die Groß- und Kleinschreibung nach **Doppelpunkt** 32
(*Es stimmte: Der Laden hatte geschlossen.*)

C) Getrennt- und Zusammenschreibung

Hauptregel: **Getrenntschreibung**

1. Getrenntschreibung im Zusammenhang mit **Zeitwörtern** 33
1.1 **Eigenschaftswörter** in Verbindung mit Zeitwörtern
(*genau nehmen*) 33-34
1.2 **Namenwörter, Zeitwörter** oder **Mittelwörter** in
Verbindung mit Zeitwörtern (*Diät halten, schätzen lernen,
geschenkt bekommen*) 35-36
1.3 **zusammengesetzte Umstandswörter** in Verbindung mit
Zeitwörtern (*abwärts gehen*) 36-38

2. Getrenntschreibung im Zusammenhang mit
Eigenschaftswörtern 39
2.1 Getrenntschreibung bei Verbindungen, in denen das
erste Wort auf *-ig, isch* oder *-lich* endet (*winzig klein*) 39
2.2 Getrenntschreibung bei Verbindungen, in denen das
erste Wort ein **Mittelwort** ist (*blendend weiß*) 39-40
2.3 Getrenntschreibung bei Verbindungen, in denen das
erste Wort **erweiterbar** oder **steigerbar** ist
(*leichter verdaulich*) 40

Ausnahmen: Zusammenschreibung

1. Zusammengesetzte **Zeitwörter** 41
1.1 Zusammensetzungen aus **Namenwort + Zeitwort**
(*maßregeln*) 41-42
1.2 Zusammensetzungen aus **Eigenschaftswort + Zeitwort**
(*weissagen*) 42
1.3 Zusammensetzungen aus **Verhältniswort + Zeitwort**
(*über*setzen) 42-43

Seite

2. Zusammengesetzte **Eigenschaftswörter** und **Mittelwörter** 44
2.1 Zusammensetzungen, bei denen der erste Bestandteil
für eine Wortgruppe steht *(fingerbreit)* 44-45
2.2 Zusammensetzungen, bei denen ein Bestandteil nicht als
selbstständiges Wort vorkommt *(großspurig)* 45
2.3 Zusammensetzungen aus zwei gleichrangigen Eigen-
schaftswörtern *(taubstumm)* 45
2.4 Zusammensetzungen mit Wörtern, die das nachfolgende
Eigenschaftswort in seiner Bedeutung verstärken oder
vermindern *(bitterkalt)* 45-46

3. Schreibung mit **Bindestrich** 47
3.1 vorgeschriebene Verwendung *(5-jährig)* 47
3.2 freigestellte Verwendung *(Schiff-Fahrt)* 48

D) Worttrennung am Zeilenende

1. Neuerungen bei *st* und *ck* 49
1.1 *st (Kas-ten)* 49
1.2 *ck (Zu-cker)* 50

2. Abtrennung einzelner Vokalbuchstaben am
Wortanfang *(A-bend)* 50

3. Möglichkeit der Wahl zwischen **alter** und **neuer Trennung** 50
3.1 Wahlmöglichkeit bei zusammengesetzten Wörtern
(war-um und *wa-rum)* 50
3.2 Wahlmöglichkeit bei Fremdwörtern
(in-ter-es-sant und *in-te-res-sant)* 51

E) Zeichensetzung

- Das **Komma** bei „*und*" oder verwandten Bindewörtern 52
- Das **Komma** bei Grundform- und Mittelwortgruppen 54
- Das **Komma** im Zusammenhang mit **Anführungszeichen** 57

Anhang

1. **Übungsdiktate** zu den neuen Rechtschreibregeln 58-64
2. **Wörterverzeichnis** zur neuen Rechtschreibung 65-82
3. **Stichwortverzeichnis/Fachausdrücke** 83-84

Vorwort

1. Die neuen Regeln erleichtern die Rechtschreibung

Erstmals seit 1902 wurde die deutsche Orthografie einer einheitlichen Reform unterzogen. Sie soll die deutsche Rechtschreibung erleichtern. Obwohl die Zahl der Regeln beinahe um die Hälfte vermindert wird, sind nur ein paar hundert Wörter davon betroffen. So soll in Zukunft
- die Schreibung der *s*-**Laute** einfacher werden;
- mehr **getrennt** als **zusammen-**, mehr **groß-** als **klein**geschrieben werden;
- *st* wie z.B. *sp* getrennt werden;
- bei den **Kommaregeln** und der **Getrennt- und Zusammenschreibung** der freien persönlichen Entscheidung mehr Raum gegeben werden.

Das sind nur einige Beispiele der neuen Regelung.
So wird sich die Mühe, die dir das Erlernen der neuen Rechtschreibregeln bereitet, bald lohnen: Das Schreiben wird dadurch einfacher.

2. Wie man dieses Büchlein benützen kann

Dieses Bändchen ist im Wesentlichen in drei Teile gegliedert:

Zuerst erlernst du die **neuen Rechtschreibregeln.** Zahlreiche **Übungen** helfen dir das Gelernte zu üben und zu festigen. Am Ende eines Kapitels findest du zum Teil kurze **Zusammenfassungen.**

Anschließend folgen **Diktate** zu allen geänderten Regeln.
(Seite 58 bis Seite 64).

Zum Schluss (Seite 65 bis Seite 82) findest du ein **Wörterverzeichnis,** das die wichtigsten Neuschreibungen enthält.

Ein **Stichwortverzeichnis** soll darüber hinaus den Gebrauch dieser Einführung in die neue Rechtschreibung erleichtern.

3. Übersicht über die wichtigsten Änderungen für Leser, die sich schnell informieren wollen

Wenn man einen Text schreibt, so wirken sich die neuen Regeln sehr unterschiedlich aus. Einige muss man ständig beachten, andere sind nur gelegentlich anzuwenden. Wer wenig Zeit hat und das meiste gleich richtig schreiben will, findet hier die Regeln, die man sich zuerst einprägen muss.

Auf diese **Regeln** kommt es **besonders** an:

- **bei Lauten und Buchstaben**

auf die **s-Schreibung** (grundsätzlich *ss* nach **kurzem** Selbstlaut)	*Kuss - es passt*
auf das **Zusammentreffen dreier gleicher Buchstaben**	*Kaffeeersatz* *Schifffahrt*
auf die **Verdoppelung, Umlautschreibung** und **Vereinheitlichung einzelner Wörter**	*nummerieren* *belämmert* *Rohheit*

- **bei der Groß- und Kleinschreibung**

auf die **Anrede** in **Briefen**	*vielen Dank für deinen Brief*
auf **Substantive** in Verbindung mit **Präposition** oder **Verb**	*sich in Acht nehmen* *Eis laufen*
auf **Ordnungszahlen**	*das ist der Achte*

- **bei der Getrennt- und Zusammenschreibung**

darauf, dass im Normalfall **getrennt** geschrieben wird	*Er hat sich gehen lassen.*

- **bei der Worttrennung am Zeilenende**

auf *st*	*der Kas-ten*
auf *ck*	*der Zu-cker*

- **bei der Zeichensetzung**

auf **Infinitivgruppen** (kein Komma)	*Wir planten sie zu besuchen.*
auf **Partizipialgruppen** (kein Komma)	*Auf dem Boden liegend schoss er den Ball weg.*

Die neuen Rechtschreibregeln

A) Laute und Buchstaben

1. *s*-Schreibung

> **Regel 1:** Man schreibt nach **kurzem Selbstlaut** (Vokal) nun grundsätzlich *ss,* auch dort, wo bisher ein *ß* stand.

neu	bisher
der Pass	*der Paß*
kurzer Selbstlaut	
er küsst	*er küßt*
das Schloss	*das Schloß*
dass	*daß*
der Fluss	*der Fluß*
wissbegierig	*wißbegierig*
kess	*keß*

Hinweis:
Dieses Zeichen ✱ bedeutet: Hier ist eine **Aufgabe** zu bearbeiten.

✱ Setze ein: Er fa____t das Fa____ mit beiden Händen an.
Marion kü____t Ulrich.
Ich denke mir, da____ du diese Aufgaben schaffen wirst.

Wichtiger Hinweis:
Die Lösungen zu den Aufgaben stehen unter der gestrichelten Linie im grauen Feld.
Du deckst sie am besten vorher mit einem Blatt zu.

----

er fasst — das Fass — Marion küsst — ich denke mir, dass ...

> **Regel 2:** Man schreibt aber wie bisher *ß* nach **langem Selbstlaut** (Vokal).

$$\textit{Stra\ss{}e — Ma\ss{} — Scho\ss{} — Ru\ss{} — grü\ss{}en}$$
lange
Selbstlaute

✱ Setze ein: Das Flo __ ist gro __ .
　　　　　　Vergiss blo __ den schönen Gru __ nicht!

- -

das Floß ist groß — bloß — den schönen Gruß

Prüfe bei den folgenden Wörtern den Unterschied zwischen kurzem und langem Selbstlaut:

langer Selbstlaut, deshalb *ß*	**kurzer** Selbstlaut, deshalb *ss*
das Floß	*es floss*
der Ruß	*der Schluss*
das Maß	*das Fass*

> **Regel 3:** Nach **Doppellaut** (Diphthong) wird wie bisher *ß* geschrieben.

$$\textit{drau\ss{}en — scheu\ss{}lich — flei\ss{}ig — sich äu\ss{}ern}$$
Doppellaute

✱ Setze ein: eine scheu__liche Waffe; eine w_____ gestrichene Hauswand;
　　　　　　ein Str_____ Blumen; Pr_____en, bis 1945 ein Land
　　　　　　des Deutschen Reiches

- -

scheußliche — weiß gestrichene — Strauß Blumen — Preußen

Ist das schwer gewesen? Vielleicht hat die Reform die *s*-Schreibung nun doch ein wenig vereinfacht. Bei der folgenden Übungsaufgabe wird es sich zeigen.

✱ Setze *s, ss* oder *ß* richtig ein!

Der König lie___ (1) den Minister rufen. Sofort herrschte er ihn an: „Wei ___ t (2) du noch immer nicht, da___ (3) meine Untertanen meine Macht bei jeder Gelegenheit spüren mü ___ en (4)? Bei Tisch mu ___ (5) ich die grö ___ te (6) Portion bekommen, au ___ erdem (7) pa ___ t (8) es mir nicht, wenn den anderen nicht schmeckt, was mir schmeckt. Bei Audienzen la ___ e (9) ich heute den drau ___ en (10) und morgen den, ganz wie es mir pa ___ t (11). Da ___ (12) du mir da in nichts hineinpfuschst. Den einen übersehe ich, den anderen grü ___ e (13) ich. Es ist ein Genu ___ (14) zu sehen, wie sie sich alle nach einem freundlichen Blick von mir sehnen. Heute gestattet der König dem einen seine Fü ___ e (15) zu kü ___ en (16), den anderen, der es auch gerne möchte, lä ___ t (17) er zappeln wie den Fisch im Netz." Der König hatte sich beruhigt und fa ___ te (18) den Minister fa ___ t (19) liebevoll an den Händen: „Du bist gewi ___ (20) meiner Meinung: Es gibt nichts Schöneres als die Macht."

----

(1) *ließ*
(2) *weißt*
(3) *dass*
(4) *müssen*
(5) *muss*
(6) *größte*
(7) *außerdem*
(8) *passt*
(9) *lasse*
(10) *draußen*

(11) *passt*
(12) *dass*
(13) *grüße*
(14) *Genuss*
(15) *Füße*
(16) *küssen*
(17) *lässt*
(18) *fasste*
(19) *fast*
(20) *gewiss*

2. Zusammentreffen dreier gleicher Buchstaben

Auch diese Regel führt zu ungewohnten Schreibweisen.

> **Regel 1:** Treffen beim Zusammensetzen von Wörtern **drei gleiche Buchstaben** zusammen, so bleiben sie **alle erhalten**.

DASS AUCH KEIN BUCHSTABE VERLOREN GEHT!

Beispiele: *Schiff + Fahrt = Schifffahrt*
See + Elefant = Seeelefant

Ausnahmen: Mittag (= Mitte + Tag, Trennung: Mit-tag),
dennoch (= denn + noch, Trennung: den-noch),
Drittel (= dritter Teil, Trennung: Drit-tel)

> **Regel 2:** Zur **Erleichterung** des **Lesens** darf auch mit **Bindestrich** geschrieben werden.

Beispiele: *Schiff-Fahrt*   *See-Elefant*

✱ Verbinde:

Bett + Tuch = *Betttuch* oder *Bett-Tuch*

Auspuff + Flamme = _____ oder _____

Schritt + Tempo = _____ oder _____

Fluss + Strecke = _____ oder _____

Schluss + Satz = _____ oder _____

Armee + Einheit = _____ oder _____

- -

Auspuffflamme oder *Auspuff-Flamme*
Schritttempo oder *Schritt-Tempo*
Flussstrecke oder *Fluss-Strecke*
Schlusssatz oder *Schluss-Satz*
Armeeeinheit oder *Armee-Einheit*

3. Neuerungen bei Mitlautverdoppelung (z.B. *nummerieren*), Umlautschreibung (z.B. *Gämse*) und in Einzelfällen (z.B. *Föhn*)

> **Regel 1:** Nach **kurzem Selbstlaut** (Vokal) folgt bei den meisten Wörtern ein **doppelter Mitlaut** (Konsonant). Von nun an werden einige Wörter, bei denen dies bisher nicht der Fall war, ebenfalls mit doppeltem Mitlaut geschrieben. Dabei zählen **ck** und **tz** als Doppelmitlaut: **ck** anstelle von **kk**, **tz** anstelle von **zz**.

Beispiel: Du hast einen langen Aufsatz geschrieben. Da musst du die Seiten mit Nummern versehen, sie also numerieren (= bisherige Schreibweise). Da das *u* in diesem Zeitwort jedoch **kurz** ist und das Wort von *Nummer* abstammt, schreibt man von nun an: *nummerieren*. Es ist also die Abstammung wichtig, die **Wortfamilie**, zu der ein Wort gehört.

Im Sport ist Jens ein **Ass.** (wegen die *Asse*, bisher *As*)
kurzer Selbstlaut

Gebrannten Zucker nennt man **Karamell.** (wegen *Karamelle*, bisher *Karamel*)

Ein Staubbesen mit langen Fransen heißt **Mopp.** (wegen *moppen*, bisher *Mop*)

Beim Lotto zählt der richtige **Tipp.** (wegen *tippen*, bisher *Tip*)

Ein berühmter englischer Tanz ist der **Stepptanz.** (wegen *steppen*, bisher *Step*)

Ein ungeschickter Mensch ist ein **Tollpatsch.** (wie *toll*, bisher *Tolpatsch*)

Einen Kirchendiener nennt man einen **Messner.** (wie *Messe*, bisher *Mesner*)

Für Deckenverzierungen braucht man den **Stuckateur.** (wegen *Stuck*, bisher *Stukkateur*)

Marion wurde in der zweiten Reihe **platziert.** (wegen *Platz*, bisher *plaziert*)

✸ Setze ein:

Die Hexe Fata Morgana war ein A ___ in jeder Beziehung, aber kein To ___ patsch, unter einer Voraussetzung allerdings: Sie musste immer genügend Vorrat von ihrer Lieblingsspeise zu Hause haben, und das war Karame ___ . Dann war sie unschlagbar: Sie wusste den richtigen Ti ___ im Lotto, konnte, wenn der Stu ___ ateur beim Gipsen wieder einmal eine Sauerei gemacht hatte, in Sekundenschnelle mit dem Mo ___ das Schloss sauber machen und gleichzeitig mit dem abenteuerlichsten Ste ___ durch die Räume sausen.

Ass — Tollpatsch — Karamell — Tipp — Stuckateur — Mopp — Stepp

---

Regel 2: In einigen Wörtern wird **neu** **ä** statt *e* geschrieben. (Damit soll die Zugehörigkeit dieser Wörter zu Wörtern derselben Wortfamilie verdeutlicht werden.)

Beispiele:

neue Schreibweise	gehört zur **Wortfamilie**	**bisherige** Schreibweise
Bändel (schmales Band)	*Band*	*Bendel*
behände (schnell, geschickt)	*Hand*	*behende*
belämmert (betreten, eingeschüchtert)	*Lamm*	*belemmert*
Quäntchen (eine kleine Menge)	*Quantum*	*Quentchen*
schnäuzen (Nase putzen)	*Schnauze*	*schneuzen*
Gämse	*Gams*	*Gemse*

überschwänglich (übertrieben, erregt)	*Überschwang*	*überschwenglich*
verbläuen (verprügeln)	*blau*	*verbleuen*
aufwändig weiter erlaubt: aufwendig	*Aufwand*	*aufwendig*
Stängel	*Stange*	*Stengel*

✹ Setze ein:

Herr Hoppla stand ziemlich bel__mmert da. Er hatte kein Qu__ntchen Munition mehr in der Flinte und die G__mse hatte längst das Weite gesucht. Beh__nde war sie über die Felsen geklettert und schließlich verschwunden. Herr Hoppla schn__zte sich, fast hätte er eine Träne verloren, denn mit überschw__nglichem Gefühl war er auf die Jagd gegangen, aber leider war ihm an diesem Tag kein Glück beschieden.

- -

belämmert – Quäntchen – Gämse – Behände – schnäuzte – überschwänglichem

> **Regel 3:** Einige wenige Wörter werden **sinnvoller**, d.h. systematischer geschrieben oder der Schreibweise **ähnlicher Wörter** angepasst.

neue Schreibweise	**Begründung**
rau aber: Namenwort *Rauheit*	wegen *grau, blau, schlau, genau*
Känguru	wegen *Kakadu, Gnu, Emu*
Föhn	vereinfacht. Bisher: *Föhn* = **Wind** *Fön* = **Heißlufttrockner**
Rohheit, Zähheit	Dehnungs-*h* vor -*heit* soll erhalten bleiben, Ausnahme: *Hoheit* wie bisher
Zierrat (Schmuck, schmückendes Beiwerk)	sinnvoll wegen *Zier* + *Rat*

selbstständig
weiterhin empfohlen: *selbständig*

wegen *selbstverständlich*

Albtraum
weiterhin empfohlen: *Alptraum*

sinnvoll wegen *Alb* (= unterirdischer Naturgeist)

✻ Beschrifte die folgenden Bilder mit den entsprechenden Wörtern in der **neuen** Schreibweise!

Känguru – Föhn – Zierrat — Albtraum (weiterhin möglich: *Alptraum*)

4. Fremdwörter

> **Regel 1:** Der Laut **ph** kann bei *-phon-*, *-phot-* und *-graph-* in einer Anzahl von Wörtern durch **f** ersetzt werden. Neu hinzugekommen ist **f** anstelle von **ph** sonst nur bei *Delfin*.

Beispiele:

Die **alte** Schreibweise wird weiterhin **empfohlen**	Die **neue** Schreibweise ist daneben auch **erlaubt**
Grammophon	*Grammofon*
Saxophon	*Saxofon*
Megaphon	*Megafon*
Quadrophonie	*Quadrofonie*
Geographie	*Geografie*

Die **alte** Schreibweise ist noch **erlaubt**	Die **neue** Schreibweise wird **empfohlen**
Photographie	*Fotografie*
photographieren	*fotografieren*
Stenograph	*Stenograf*
Biographie	*Biografie*
Pornographie	*Pornografie*
Graphik	*Grafik*
Mikrophon	*Mikrofon*

Ähnliche Beispiele:

Empfohlene Schreibweise: *Fantasie, fantasieren,*
Erlaubte Schreibweise: *Phantasie, phantasieren*
Weiterhin empfohlen: *Delphin*
Erlaubt: *Delfin*

Weitere Vereinfachungen:
Bei allen folgenden Beispielen ist die **alte** Schreibweise die **empfohlene** Schreibweise, es können aber ersetzt werden:

rh durch **r**:	*Katarrh* und *Katarr*
	Myrrhe und *Myrre*
	Hämorrhoiden und *Hämorriden* (hier wird auch das *o* weggelassen!)
th durch **t**:	*Panther* und *Panter*
	Thunfisch und *Tunfisch*
gh durch **g**:	*Joghurt* und *Jogurt*
	Spaghetti und *Spagetti*
ch durch **sch**:	*Ketchup* und *Ketschup*

✱ Setze sechs passende Fremdwörter aus dem oberen Abschnitt richtig in der erlaubten **neuen** Schreibweise ein.

Der Pan___,
der noch schnell den Jog___t frisst,
gibt's Mega___ dem Herrn Del___n,
damit der nicht vergisst
dem Publikum zu sagen:
"Der T___fisch tritt nicht auf,
er leidet an Kata___ und Schmerzen arg im Magen."

Panter — Jogurt — Megafon — Delfin — Tunfisch — Katarr

> **Regel 2:** Wörter aus dem **Französischen**, die auf *é* oder *ée* enden (z.B. *Dekolleté, Chicorée*), **können** auf *ee* (*Dekolletee, Schikoree*) geschrieben werden.

Die **alte** Schreibweise wird weiterhin **empfohlen**	Daneben ist auch die **neue** Schreibweise **erlaubt**
Exposé (Denkschrift, Bericht)	*Exposee*
Varieté (Theater mit buntem Programm)	*Varietee*
ähnlich bei *Portemonnaie* (Geldbörse)	*Portmonee*

> **Regel 3:** Bei **englischen** Wörtern, die auf *...y* enden (z.B. *Lobby*), muss das **Mehrzahl-s** nach **deutschem** Muster angehängt werden (die *Lobbys*).

Beispiele: *die Babys — die Hobbys*

✱ Setze jeweils die **neue** Schreibweise ein:

Familie Hübsch besuchte am Nachmittag den Tierpark, obwohl Herr Hübsch lieber zu Hause seinen Hobb___ nachgegangen wäre. Am meisten beeindruckten die kleine Katrin die Del___ine. Der schwarze Pan___er dagegen war ihr unheimlich. Doch eine Portion Spa___etti mit Ket___up und ein erfrischender Jo___urt stellten ihr Gleichgewicht wieder her.

Am Abend besuchten Herr und Frau Hübsch ein Variet___. Dort ließ sich eine Dame mit großem Dekollet ___ in der Mitte durchschneiden. Insgesamt ein gelungener Tag!

Hobbys — *Delfine* (auch *Delphine*) — *Panter* (auch *Panther*) — *Spagetti* (auch *Spaghetti*) — *Ketschup* (auch *Ketchup*) — *Jogurt* (auch *Joghurt*) — *Varietee* (auch *Varieté*) — *Dekolletee* (auch *Dekolleté*)

Regel 4: Wörter auf *...tial* (z.B. *Potential*) und *...tiell* (z.B. *potentiell*) werden jetzt mit z geschrieben (*Potenzial, potenziell*). Die bisherige Schreibweise ist weiterhin zulässig.

jetzt **empfohlene neue** Schreibweise	weiterhin **möglich**
substanziell (wegen Substanz)	*substantiell*
potenziell	*potentiell*
Potenzial	*Potential*

Zum Schluss eine kurze Übersicht über **weitere neue** Schreibweisen bei Fremdwörtern:

Die **alte** Schreibweise wird weiterhin **empfohlen**	Die **neue** Schreibweise ist daneben auch **erlaubt**
Necessaire (Täschchen, Toilettenutensilien)	*Nessessär*
Kommuniqué (amtliche Mitteilung)	*Kommunikee*
Bouclé (Garn mit Knoten und Schlingen)	*Buklee*

Zusammenfassung

Das sollte man sich besonders **merken:**

Bei der Schreibung von *s*-Lauten:

nach **kurzem** Selbstlaut statt *ß* nun *ss*	*der Riss - der Nussbaum - Ich wusste es - Iss auf! - Ich hoffe, dass du kommst*
nach **langem** Selbstlaut wie bisher *ß*	*der Ruß - groß - das Maß*
nach **Doppellaut** wie bisher *ß*	*reißen - draußen - der Fleiß*

Beim Zusammentreffen **dreier gleicher** Buchstaben:

Treffen drei gleiche Buchstaben zusammen, bleiben **alle** erhalten	*Flussschifffahrt*
Schreibung mit **Bindestrich** ist erlaubt (bessere Lesbarkeit)	*Fluss-Schiff-Fahrt*

Bei **Mitlautverdoppelungen**:

Es handelt sich hier um wenige Fälle. Du kannst sie noch einmal auf Seite 10 nachsehen.

z.B. *Er war im Sport ein Ass.*
Der richtige Tipp im Lotto kann viel Geld bringen.

Bei **Umlautschreibungen**:

Auch hier solltest du die wenigen Änderungen noch einmal auf Seite 11-12 nachsehen.

z.B. *Die Gämsen kletterten in höheres Gelände.*
Die Blume hatte einen dicken Stängel.

Bei **Fremdwörtern**:

Änderung bei: Es **darf** geschrieben werden:	*- phon -* *Grammofon*	
Änderungen bei: Es **soll** geschrieben werden:	*- photo -* *Fotograf*	*- graph -* *Biografie*

Weitere Einzelheiten musst du auf Seite 13 - 15 nachlesen.

B) Groß- und Kleinschreibung

1. Die Großschreibung der Namenwörter (Substantive)

Künftig werden mehr Wörter als bisher großgeschrieben. Bevor wir uns die einzelnen Regeln zur Groß- und Kleinschreibung und die dazugehörenden Ausnahmen genauer ansehen und damit sie uns nicht verwirren, merken wir uns:

Namenwörter/Substantive schreibt man grundsätzlich groß. Das gilt auch für andere Wortarten, wenn sie zu Namenwörtern werden (Substantivierung).

Beispiel: *Das Beste an der Schule sind die Pausen.*

1.1 Großschreibung der **Namenwörter** in Verbindung mit **Verhältniswörtern** (Präpositionen) und **Zeitwörtern** (Verben)

Regel 1: Großgeschrieben werden **Namenwörter** (z.B. *Gunst, Stand*) in Verbindung mit einem **Verhältniswort** (z.B. *zu, außer*).

Beispiel: *Mark verzichtete zu Gunsten von Sina auf das Buch.*
                      Verhältniswort Namenwort

Weitere Beispiele:
Der Vogel war außer Stande sich zu befreien.
Die Renovierung erfolgte zu Lasten des Hausbesitzers.
Ihre gute Absicht müssen wir in Frage stellen, leider!
Auch möglich: zugunsten, außerstande, zulasten, infrage stellen

Regel 2: Großgeschrieben werden **Namenwörter** (z.B. *Rad, Schlange*) in Verbindung mit einem **Zeitwort** (z.B. *fahren, stehen*).

Beispiel: *Du kannst nicht mal richtig Rad fahren.*
                      Namenwort Zeitwort

Weitere Beispiele:

Beim Einkaufen muss man oft Schlange stehen.
Ich vermute, dass Sie da Unrecht haben!
Wer wird denn gleich Kopf stehen!
Ich musste auf ihn Acht geben.
Wo ist der Aufsicht führende Lehrer?
Er wollte ihm damit Angst machen.

✱ Setze die Silben passend zusammen und schreibe sie richtig in die Sätze:
zug - ab - ten - de - not - grun - ruf - sei - recht - be - hand

1) Der Kurier saß auf *Abruf* in seinem Büro.
2) Wir können diese Frage an _____ Ihres Schreibens nicht beantworten.
3) Der gefangene Fuchs musste elend zu _____ gehen.
4) Es könnten zur _____ auch drei Personen mitfahren.
5) Von _____ der Behörde bestehen keine Bedenken.
6) Da hast du wirklich _____ !
7) Mit _____ auf unser Schreiben ist die Sache für uns erledigt.

- -

2) *an Hand* (auch: *anhand*)   3) *zu Grunde* (auch: *zugrunde* gehen)   4) *zur Not*
5) *von Seiten* (auch: *vonseiten*)   6) **Recht**   7) **Bezug**

✱ Schreibe den **richtigen Ausdruck** zu den Bildern:

1) _____ stehen

2) _____ fahren

3) _____ (oder: _____ laufen)

4) Die Haare stehen ihm zu _____

5) jemandem zu _____ kommen

 6) _____ gehen

7) _____ schreiben

---

1) **Kopf stehen** 2) **Rad fahren** 3) **Eis laufen** (oder: *Schlittschuh laufen*)
4) **die Haare stehen ihm zu Berge** 5) **zu Hilfe kommen** 6) **Pleite gehen**
7) **Maschine schreiben**

1.2 Großschreibung der Namenwörter bei **Tageszeiten** nach **Umstandswörtern** (Adverbien)

> **Regel:** Nach **Umstandswörtern** (z.B. *heute*) werden **Tageszeiten** (z.B. *Abend*) immer **groß**geschrieben: *heute Abend*.

Beispiele:

Umstandswort	+ Tageszeit
heute	Morgen
gestern	Nacht
morgen	Mittag
vorgestern	Vormittag
übermorgen	Nachmittag

Auch wenn Ihnen die **neue Rechtschreibung** nicht schme**ck**en sollte – wer auf dem **L**aufenden sein möchte, mu**ss** die neuen Regeln kennen.

Dieses **Hauschka**-Lernprogramm macht es Ihnen leicht: Mit gut verständlichen **Erklärungen, Übungen** mit **Lösungen** und einem **Wörterverzeichnis** sind Sie in kürzester Zeit fit in der neuen Rechtschreibung.

Gerhard Widmann:
Die neuen Rechtschreibregeln
ISBN 3-88100-260-X
(bei allen **Barsortimenten**)

Erhältlich in jeder Buchhandlung

nur
DM 9,80

Schweiz: SFr 9,80
Österreich: ATS 72

Hauschka-Verlag · Ernst-Platz-Str. 28 · 80992 München · Tel. 0 89/1 41 60 13 · Fax 0 89/1 41 60 15

260

Gerhard Widmann

Die neuen Rechtschreibregeln

Ein Lernprogramm mit Lösungen und einer Wörterliste für Schüler und Erwachsene

✱ Setze die **Tageszeiten** richtig ein:

Gestern _____ standen wir schon um fünf Uhr auf. Dafür
gingen wir _____ _____ aber schon um 22 Uhr ins Bett.
Da wir, wenn Julia aus der Schule kommt, gleich wegfahren, gibt es
_____ _____ kein warmes Essen, wir holen das dann heute
_____ nach.

- -

Morgen — gestern Abend — heute Mittag — Abend

2. Zum Namenwort (Substantiv) erhobene Wortarten einschließlich der wichtigsten Ausnahmefälle

2.1 Zum Namenwort erhobene **Eigenschaftswörter** (Adjektive)

> **Regel 1:** Man schreibt ein **Eigenschaftswort** immer **groß**, wenn es zum **Namenwort** erhoben ist (z.B. durch das Geschlechtswort *das*, ebenso durch vorangestelltes *alles, allerlei, genug, nichts, viel, etwas, wenig* usw.).

Beispiele: *Du tust schon das Richtige.*
             Geschlechts-   zum **Namenwort**
             wort   erhobenes **Eigenschaftswort**

Wir müssen auf   das Folgende   achten.
Mein Schüler hat   das Wesentliche   erfasst.
Den Vorfall weiß ich   im Einzelnen   nicht mehr.
   (*=in dem*)
Schließlich saßen alle   im Dunkeln.
Daran hat er nicht   im Entferntesten   gedacht.
Jens erwartete sich   etwas Großes.
Das neue Jahr brachte   wenig Erfreuliches.

✸ Setze die entsprechenden Eigenschaftswörter in der richtigen Form ein:

Herr Müller! Sie, Herr Müller!
Machen Sie sich auf **das** *(schrecklich)* *Schrecklichste* gefasst! Die Instandhaltung meines Hauses, für das Sie als Mieter ja verantwortlich sind, liegt **im** *(arg)* _____ , man kann sagen saumäßig **im** *(arg)* _____ .
Wenn noch einmal **das** *(gering)* _____ vorkommt, dann erkläre ich Ihnen den Krieg. Ja, Sie hören richtig: den Krieg! Ich habe mir meine Maßnahmen bis **ins** *(klein)* _____ ausgedacht. **Im** *(allgemein)* _____ bin ich ja ein friedlicher Mensch, aber was zu weit geht, geht einfach zu weit. Ich will jetzt gar nicht darauf eingehen, wie Sie mein Haus misshandeln. An Ausreden habe ich nun schon **viel** *(dumm)* _____ von Ihnen gehört, es war **nichts** *(vernünftig)* _____ dabei. **Das** __este wäre ja Sie gleich hinauszuwerfen, wenn das nur ginge!
Glauben Sie nicht, dass Sie mich hinters Licht führen können. Ich bleibe auf **dem** *(laufend)*_____ .
Ich grüße Sie nicht **auf das** *(herzlich)*_____ . Sie nicht!
gez. Josef Deutsch

- -

im Argen - im Argen - das Geringste - ins Kleinste - im Allgemeinen - Dummes - Vernünftiges - das Beste - auf dem Laufenden - auf das Herzlichste

Auch die Wörter *einzelne, unzählige, zahllose, zahlreiche* werden nun, wenn sie zum **Namenwort erhoben** sind, **immer großgeschrieben.**

Beispiele: *Das muss jeder Einzelne selbst entscheiden.*
zum Namenwort erhoben: ***der Einzelne***

Der Komet wurde von Unzähligen beobachtet.
zum Namenwort erhoben: ***die Unzähligen***

Ausnahme: Es gibt **vier** Zahladjektive, für die diese Regel **nicht** gilt: *viel (mehr, meist),* **wenig, ein, ander-**.

Beispiele: *Dasselbe wurde auch von anderen behauptet.*
Das Zahladjektiv **andere** bildet hier eine Ausnahme.

Das müssen viele für sich selbst entscheiden.
Das Zahladjektiv *viele* bildet hier eine Ausnahme.

Überprüfe die Regel an diesen Sätzen:

Den Film "Schindlers Liste" haben Unzählige gesehen.
Die Oper "Krieg und Frieden" kennen nur wenige.
Am Eingang zum Flughafen wird jeder Einzelne kontrolliert.
Die einen gewinnen, die anderen verlieren.
Die Aufführung war als Ganzes ein Erfolg.
Alles wollten wir ihm geben, er aber wollte nur das eine.

✱ Setze die in den Klammern stehenden Wörter **richtig** ein:

Es waren *(zahllos)* _____ auf der Straße, als der Bär auftauchte und an der Imbissbude nach einem Cheeseburger verlangte. Der *(eine)* _____ oder *(andere)* _____ hätte sicher noch *(verschieden)* _____ zu erledigen gehabt, aber die __eisten konnten sich von dem großen Eindruck, den der ungebetene Gast auf sie machte, nicht lösen. Erst einmal auf den Geschmack von Fastfood gekommen fraß das Tier alles *(übrig)* _____ auf, was in der Bude zu kriegen war. Der Besitzer seinerseits tat alles *(möglich)* _____ um seinen seltenen Gast zu befriedigen. Für das Publikum jedenfalls war die Openair-Darbietung als *(ganz)* _____ ein voller Erfolg.

Es waren Zahllose auf der Straße ... Der eine oder andere hätte sicher noch Verschiedenes zu erledigen gehabt, aber die meisten konnten ... alles Übrige ... Der Besitzer tat alles Mögliche ... als Ganzes ein voller Erfolg.

Ausnahmen: **Eigenschaftswörter,** die sich auf ein **vorhergehendes** oder **nachfolgendes Namenwort beziehen,** schreibt man wie bisher klein.

Beispiele: *Markus ist der **aufmerksamste** meiner **Schüler.***
(bezieht sich auf)

*Die Verkäuferin zeigte mir ein rotes und ein blaues **Hemd,** das **blaue** gefiel mir am besten.*
(bezieht sich auf)

✴ Setze nacheinander folgende Wörter in der **richtigen** Schreibung (also mit großem oder kleinem Anfangsbuchstaben) ein:
erster, zweiter, letzte, jüngere, größere

Zwei Buben gewannen Preise, der _____ ein Buch, der _____ eine CD.
Fünf Mädchen waren schon da, auf das _____ warteten wir vergebens.
Mehrere Kinder spielten draußen, einige _____ im Sandkasten, die _____ mit dem Ball.

---

der erste — der zweite; das letzte; einige jüngere — die größeren

---

Beachte auch: Bei **Steigerungsformen** schreibt man die **Höchststufe** (Superlativ) natürlich **klein.**

Beispiel: *schön – schöner – **am schönsten***

Regel 2: Eigenschaftswörter, die für **Farben** oder **Sprachen** stehen, werden, zum **Namenwort** erhoben, grundsätzlich **groß**geschrieben, in allen anderen Fällen schreibt man sie **klein.**

Beispiele: *Ich liebe **B**lau.*   *Markus streicht die Wand blau an.*
           *das **B**lau*   *auf die Frage **wie**?*

Die Meldung traf ins Schwarze.
   |
  in das Schwarze

Herr Beck kleidet sich gerne schwarz.
auf die Frage *wie?*

✳ Schreibe mit **großem** oder **kleinem** Anfangsbuchstaben:

1) *(gelb)* Wir malen die Vase _____ an.
2) *(gelb)* Die Ampel schaltet auf _____ um.
3) *(rot, weiß, rosa)* Wenn man _____ mit _____ mischt, entsteht _____ .
4) *(schwarz, weiß)* Das kannst du _____ auf _____ haben.

---

1) *Wir malen die Vase gelb an.* (wie?)
2) *Die Ampel schaltet auf Gelb um.* (das *Gelb*)
3) *Wenn man Rot* (das *Rot*) *mit Weiß* (das *Weiß*) *mischt, entsteht Rosa.* (das *Rosa*)
4) *Das kannst du schwarz auf weiß haben.* (wie?)

Beispiele: *Ihr Italienisch ist ausgezeichnet.*   *Tanja spricht italienisch.*
                das *Italienische*   wie?

✳ Schreibe mit **großem** oder **kleinem** Anfangsbuchstaben:

1) *(englisch)*   Ich sprach den Herrn _____ an.
2) *(russisch)*   Mit _____ kann man sich nicht überall verständigen.
3) *(deutsch)*   Er erzählte es auf _____ .
4) *(chinesisch)* Sag es _____ _____ .

NOCH EINE AUFGABE?

---

1) *Ich sprach den Herrn englisch* (wie?) *an.*
2) *Mit Russisch* (mit dem Russischen) *kann man sich nicht überall verständigen.*
3) *Er erzählte es auf Deutsch.* (das *Deutsche*)
4) *Sag es chinesisch.* (wie?)

> **Regel 3: Paarformeln** mit ungebeugten **Eigenschaftswörtern** (z.B. *groß und klein*) werden, wenn sie für **Personen** stehen, nun einheitlich **groß**geschrieben.

Beispiel: *Das war eine Freude für Jung und Alt.*
　　　　　　　　　　　　　　　Paarformel
　　　　　　　　(gemeint ist: *die Jungen und die Alten*)

Die Regel zu den Paarformeln ist nicht ganz einfach, man kommt aber zurecht, wenn man sich klar macht, dass man Paarformeln immer dann großschreibt, wenn sie sich auf Personen beziehen. Beispiel: *Jung und Alt = die jungen und die alten Personen, Groß und Klein = die großen und die kleinen Leute.*

Anders sieht es bei der folgenden Regel aus:

> **Regel 4: Feste Verbindungen** aus **Verhältniswort** (z.B. *von, gegen, durch*) und **Eigenschaftswort** ohne vorhergehendes **Geschlechtswort** werden **klein**geschrieben.

*Die Leute kamen **von** **nah** und **fern**.*
　　　　　　　　　　Verhältnis-　　Eigenschafts-
　　　　　　　　　　wort　　　　　wörter

Verstanden? Mit *nah und fern* sind natürlich nicht Personen gemeint. Also klein.

Weitere Beispiele: Schon **seit** längerem und auch bis **auf** weiteres beliefern wir Sie nur noch **gegen** bar.

✹ Setze die folgenden Paare **richtig** mit **großen** oder **kleinen** Anfangsbuchstaben ein:

　　1) *(groß und klein)*　　Das Fest besuchten _____
　　　　　　　　　　　　　und _____ .
　　2) *(gleich und gleich)*　_____ und _____ gesellt sich gern.

3) *(dick und dünn)*   Wir gehen zusammen durch _____ und
                       _____.
4) *(arm und reich)*   Vor dem Gesetz werden _____ und
                       _____ gleich behandelt.
5) *(kurz oder lang)* Wir kommen über _____ oder _____
                       zusammen.

---

1) *Das Fest besuchten **Groß** und **Klein**.* (Paarformel: *die Großen und die Kleinen,* also Personen, deshalb groß)
2) ***Gleich** und **Gleich*** (Paarformel: *die Gleichen und die Gleichen,* Personen!) *gesellt sich gern.*
3) *Wir gehen zusammen durch* (**Verhältniswort**) *dick und dünn.*
   (feste Verbindung, sie steht nicht für Personen, deshalb klein)
4) *Vor dem Gesetz werden **Arm** und **Reich*** (**Paarformel:** *die Armen und die Reichen,* also wieder Personen) *gleich behandelt.*
5) *Wir kommen über* (**Verhältniswort**) *kurz oder lang* (feste Verbindung, sie steht nicht für Personen) *zusammen.*

2.2 Zum Namenwort erhobene **Ordnungszahlen** (Ordinalzahlen)

Regel: **Ordnungszahlen** (z.B. *erster, zweiter*) sind wie **Eigenschaftswörter** zu verstehen, sie können zum **Namenwort** erhoben werden und sind dann **groß**zuschreiben.

Beispiele: *Du bist **der Erste**, der uns besucht hat.*

Geschlechts-   **Ordnungs-**
wort   **zahl, zum Namenwort erhoben**

Jeder Dritte muss ausscheiden.
Die Schuld kann bis zum Ersten beglichen werden.
Meine Schwester kam als Achte dran.

Diese Regel gilt auch für die **verwandten Eigenschaftswörter** *nächst* und *letzt*.

Der Nächste soll eintreten!
Der Letzte kam erst am späten Nachmittag dran.

Beachte jedoch: **Grundzahlen** (Kardinalzahlen) unter einer Million, z.B. *eins, zwei, drei,* schreibt man **klein.**

Diese zwei wissen nicht, was sie anfangen sollen.
Sie kam um fünf an.
Wir konnten an die zwanzig erkennen.
Menschen unter achtzehn sind noch nicht erwachsen.

✱ Setze die Zahlen richtig mit **großem** oder **kleinem** Anfangsbuchstaben ein:

1) *(drei)* Heute ist schon der _____ des Monats und ich habe mein Geld noch immer nicht bekommen.
2) *(neun)* Jetzt musst du die Zahl durch _____ teilen.
3) *(letzt)* Als _____ muss noch die Schraube befestigt werden.
4) *(vier)* Jeder _____ lehnte den Vorschlag ab.
5) *(zwei)* Wir _____ lassen uns nicht einschüchtern.

- -

1) *der **Dritte*** = **Ordnungszahl**   2) *durch **neun*** = **Grundzahl**
3) *als **Letztes*** = **mit Ordnungszahl verwandt**   4) *jeder **Vierte*** = **Ordnungszahl**
5) *wir zwei* = **Grundzahl**

3. Eigennamen

3.1 einfache und mehrteilige **Eigennamen**

> **Regel:** Eigennamen sind Ausdrücke, mit denen eine **Person**, ein **Ort**, ein **Land**, eine **Einrichtung** usw. **einmalig** bezeichnet werden. Man schreibt sie wie bisher **groß.**

Beispiele: *Susanne, Nürnberg, Italien, Bundesverfassungsgericht*

Dies gilt auch für **mehrteilige** Eigennamen:
Johann Wolfgang von Goethe,
Vereinigte Staaten von Amerika,
Deutscher Bundestag, die Chinesische Mauer

3.2 mehrteilige feste Begriffe mit Eigenschaftswörtern (Adjektiven)

> **Regel:** In **Wortgruppen**, die **feste Verbindungen**, aber **keine** Eigennamen sind, schreibt man die Eigenschaftswörter von nun an grundsätzlich **klein**.

Beispiele: *die erste Hilfe*

Wortgruppe im Sinne einer festen Verbindung, die einen bestimmten Vorgang bezeichnet, jedoch **kein** Eigenname ist

weitere Beispiele:

die schwarze Liste
das schwarze Brett
der weiße Tod
der blaue Brief
das olympische Feuer
der goldene Schnitt
die innere Medizin
das schwarze Schaf

Nun muss also genau unterschieden werden zwischen **Eigennamen** (die **groß**zuschreiben sind) und **mehrteiligen festen Begriffen** (die **klein**zuschreiben sind).

✱ Setze die **Eigenschaftswörter richtig** mit **großen** oder **kleinen** Anfangsbuchstaben ein!

die *(drei)* _____ Welt
der *(schief)* _____ Turm von Pisa
der *(bayerisch)* _____ Wald
das *(zwei, deutsch)* _____ _____ Fernsehen
der *(italienisch)* _____ Salat
die *(gelb)* _____ Karte

---

die Dritte Welt
der Schiefe Turm von Pisa
der Bayerische Wald
das Zweite Deutsche Fernsehen
} einmalige Sache

der italienische Salat
die gelbe Karte
} das gibt es mehrmals

Ausnahmen: Es gibt sie, leider! Aber sie sind einfach zu merken. In **bestimmten** festen Verbindungen werden die Eigenschaftswörter **groß**geschrieben, obwohl **keine** Eigennamen vorliegen.
Dies ist in folgenden **vier** Bereichen der Fall:

Titel:	*Königliche Hoheit - der Regierende Bürgermeister*
besondere Kalendertage:	*Heiliger Abend - Weißer Sonntag*
historische Ereignisse:	*der Westfälische Frieden - der Deutsch-Französische Krieg*
biologische Bezeichnungen:	*die Gemeine Stubenfliege - der Schwarze Holunder*

Genug der Ausnahmen?
Ein kleines Problem ist noch zu lernen. Allerdings kommt es nicht häufig vor.
Also nur für die, die alles wissen wollen:

3.3 **Ableitungen** von **Eigennamen** auf *-isch* oder *-sch*

> **Regel:** **Ableitungen** von **Eigennamen** auf *-isch (die platonische Liebe)* und *-sch (das ohmsche Gesetz)* werden **klein**geschrieben.

Beispiele: *das kopernikanische Weltsystem*
die darwinsche Evolutionstheorie
die bachschen Orgelwerke

Auch hier gilt jedoch wieder: Entsteht ein neuer Eigenname, schreibt man groß.

Beispiel: *die österreichischen Autobahnen*
aber: *die Österreichischen Bundesbahnen*

Eine weitere Schreibweise ist möglich, dann allerdings **groß** und mit **Apostroph** (sie dient der Hervorhebung des Eigennamens):

das Ohm'sche Gesetz
die Darwin'sche Evolutionstheorie
die Bach'schen Orgelwerke

4. Die Anrede in Briefen und briefähnlichen Texten

> **Regel:** Hier handelt es sich um die **Anrede** mit **Fürwörtern** (Pronomen). Man schreibt, egal ob in Briefen oder in anderen Texten,
>
> **von nun an klein** (*du*)   **wie bisher groß** (*Sie*)
>
> bei der **vertraulichen** Anrede von Personen,   bei der **höflichen** Anrede von Personen.

Beispiele:

Lieber Dieter,   *Sehr geehrter Herr Rosenau,*

*wenn **du** Lust hast, könnte ich morgen bei **dir** vorbeikommen. Vielleicht meldest **du dich** vorher noch bei mir.*

*wir erwarten **Sie** und **Ihre** Frau, wenn es **Ihnen** angenehm ist, morgen bei uns.*

Die folgenden Sätze stammen aus Briefen.

✱ Setze jeweils die richtigen Anfangsbuchstaben ein!

1) Mein lieber Markus, da hast __u __ich aber getäuscht. __u und __ein Freund Tom, __hr geht mir ganz schön auf die Nerven. Ich will __uch nicht mehr sehen!
2) Wissen __ie, sehr verehrter Herr Mühsam, ich trage __hnen nichts nach.
3) Geben __ie __hrem Herzen einen Ruck und erlassen __ie uns die Schuld.
4) __u weißt gar nicht, wie sehr ich __ich liebe, meine süße Kathrin, __u kannst __ir nicht vorstellen, wie sehr ich darauf warte wieder in __einen Armen zu liegen.

- -

1) *du - dich - Du - dein - ihr - euch*   2) *Sie - Ihnen*   3) *Sie - Ihrem - Sie*
                4) *Du - dich - du - dir - deinen*

5. Die Groß- und Kleinschreibung nach Doppelpunkt

Auch hier gibt es eine Vereinfachung:

> **Regel:** Folgt nach einem Doppelpunkt ein **ganzer Satz,** so wird das erste Wort **groß**geschrieben, ansonsten bleibt das erste Wort nach dem Doppelpunkt (wenn es kein Namenwort ist) klein.

Beispiel: *Freundlich blickte er das Mädchen an: Sie hielt ihm einen duftenden Strauß mit Wiesenblumen entgegen.*

✱ Übung:
Schreibt man das erste Wort nach dem Doppelpunkt groß oder klein?

Beachten Sie bitte: __as Museum ist in der folgenden Woche geschlossen.

Er wusste nicht mehr, wie viele es waren: __rei oder vier?

- -

Beachten Sie bitte: **Das** *Museum ist in der folgenden Woche geschlossen.*
Er wusste nicht mehr, wie viele es waren: **drei** *oder vier?*

Zusammenfassung

Das sollte man sich besonders merken:

1. **Man schreibt groß:**
   - **Namenwörter in Verbindung mit**
     einem Verhältniswort   *außer Stande*
     einem Zeitwort   *Rad fahren*
     einem Umstandswort (Tageszeiten)   *morgen Abend*
   - **zum Namenwort erhobene Wortarten**
     Eigenschaftswörter (auch Ordnungszahlen)   *das Richtige, jeder Dritte*
     Eigenschaftswörter, die für Farben/Sprachen stehen   *das Blau, das Russische*
     Paarformeln, die für Personen stehen   *Jung und Alt*
   - **Eigennamen**   *der Deutsche Bundestag*
   - **nach Doppelpunkt, wenn ein ganzer Satz folgt**   *Man konnte es sehen: Das Schiff brach auseinander.*

2. **Man schreibt klein:**
   - **die vier Zahladjektive „viel, wenig, ein, ander-"**   *Die anderen kommen nun.*
   - **feste Verbindungen aus Verhältniswort und Eigenschaftswort**   *durch dick und dünn*
   - **Wortgruppen, die keine Eigennamen sind**   *das schwarze Brett*
   - **Ableitungen von Eigennamen** auf *-isch* und *-sch*   *die homerischen Epen*
   - **das Anrede-Fürwort 'du' in Briefen**   *Ich liebe dich.*

C) Getrennt- und Zusammenschreibung

Ein schwieriges Kapitel!
Warum? Weil die Getrennt- und Zusammenschreibung noch nie amtlich geregelt wurde. Die Folgen waren Unsicherheiten und unlogische Schreibweisen. Damit sich das in Zukunft ändert, gibt es nun **eine** klare Regel. Hier ist sie:

> **Regel:** Die **getrennte** Schreibweise der Wörter ist der **Normalfall.**

Diese Regel hört sich sehr einfach an und doch stecken einige Schwierigkeiten dahinter, denn es gibt ziemlich viele Regeln, die dann doch **Zusammenschreibung** vorschreiben. Aber auch hier kann ich dich trösten. Es handelt sich dabei meist um Regeln, die bisher auch schon gültig waren.

Die **Getrennt-** und **Zusammenschreibung** kann man in diesem Büchlein so erlernen:

1. Man merkt sich, dass Wortverbindungen im Normalfall getrennt geschrieben werden. Wer will, prägt sich die **wichtigsten Fälle** ein, in denen von nun an **getrennt** geschrieben wird (Seite 33-40).
2. Man lernt dann die **wichtigsten** Regeln über die **Zusammenschreibung** (Seite 41-46).
3. In der Wortliste ab Seite 65 kann man die **Getrennt-** oder **Zusammenschreibung** der **gebräuchlichsten** Wörter im Einzelfall **nachschlagen.**

Hauptregel: Getrenntschreibung

1. Getrenntschreibung im Zusammenhang mit Zeitwörtern (Verben)

1.1 Eigenschaftswörter (Adjektive) in Verbindung mit Zeitwörtern

> **Regel:** **Getrennt** geschrieben werden Verbindungen aus **Eigenschaftswort** und Zeitwort, bei denen das Eigenschaftswort **steigerbar** oder **erweiterbar** ist.

Beispiel:

```
                    Eigenschaftswort
                   /              \
         bekannt machen         bekannt machen
        /                                      \
steigerbar: etwas noch              erweiterbar: etwas ganz
bekannter machen                    bekannt machen
```

Auch in folgenden Verbindungen lassen sich die Eigenschaftswörter **steigern** oder **erweitern**:

Eigenschaftswörter	Steigerung	Erweiterung
fern liegen	*ferner liegen*	**sehr** *fern liegen*
fest halten	*fester halten*	**ganz** *fest halten*
genau nehmen	*genauer nehmen*	**besonders** *genau nehmen*
gut gehen	**besser** *gehen*	**sehr** *gut gehen*
leicht fallen	*leichter fallen*	**ziemlich** *leicht fallen*
nahe bringen	*näher bringen*	**behutsam** *nahe bringen*
schlecht gehen	*schlechter gehen*	**wirklich** *schlecht gehen*
schwer nehmen	*schwerer nehmen*	**sehr** *schwer nehmen*

Bei Zusammensetzungen, in denen sich das Eigenschaftswort **nicht** steigern oder erweitern lässt, muss dann folglich zusammengeschrieben werden.
Beispiel: *fernsehen, schwarzarbeiten, totschlagen, bereithalten.*
(Schließlich kann man nicht ~~sehr fern sehen~~ oder ~~schwärzer arbeiten~~.)

Vorsicht bei Verbindungen, die unterschiedliche Bedeutungen haben können:

*Der Politiker konnte bei seiner Rede **frei** sprechen.*
　　　　　　　　　　　steigerbar, erweiterbar

*Sicher wird der Richter den Angeklagten **frei**sprechen.*

hier nicht steigerbar (Man kann nicht jemanden mehr als *freisprechen*.)

*Daniel konnte bereits in der ersten Klasse **gut** schreiben.*
(*gut* ist in diesem Zusammenhang steigerbar)

*Frau Hoffmann ließ sich den Betrag **gut**schreiben.*
(*gut* ist in diesem Zusammenhang nicht steigerbar)

1.2 Namenwörter (Substantive), Zeitwörter (Verben) oder Mittelwörter (Partizipien) in Verbindung mit Zeitwörtern

Regel 1: Getrennt geschrieben werden die Verbindungen aus **Namenwort + Zeitwort.**

Beispiele: Namenwort + Zeitwort

Diät   halten
Feuer   fangen
Rad   fahren
Not   leiden
Angst   haben
Kopf   stehen
Fuß   fassen
Rat   suchen

Ausnahmen: Bei einigen Verbindungen ist die **Bedeutung** der **Namenwörter** verblasst, sie werden entgegen dieser Regel zusammengeschrieben:
irreführen, **stand**halten, **statt**finden, **teil**nehmen, **heim**bringen, **wett**machen.

Regel 2: Getrennt geschrieben werden auch Verbindungen aus **Zeitwort + Zeitwort** oder **Mittelwort + Zeitwort.**

Zeitwort + Zeitwort   **Mittelwort** + Zeitwort

schätzen   lernen   *gefangen   nehmen*
stehen   bleiben   *geschenkt   bekommen*
spazieren gehen   *getrennt   schreiben*
                                 verloren   gehen

✳ Verbinde diese Wörter (**Namenwörter, Zeitwörter, Mittelwörter**)
Feuer, kennen, getrennt, Rat, liegen
mit den folgenden **Zeitwörtern**
schreiben, suchen, fangen, lernen, lassen

und setze sie richtig in die Sätze ein!

1) Der Vorhang könnte *Feuer fangen* .
2) Frau Kurz, ich möchte Sie gerne _____ .
3) Zu einem Pfarrer kommen oft Leute, die _____ .
4) Bei dieser Aufgabe muss man die Wörter _____ .
5) Sie können das Paket bei mir _____ .

- -

2) *kennen lernen*   3) *Rat suchen*   4) *getrennt schreiben*   5) *liegen lassen*

1.3 **zusammengesetzte Umstandswörter** (Adverbien) in Verbindung mit Zeitwörtern

> **Regel :** **Verbindungen** aus einigen **zusammengesetzten Umstandswörtern** (z.B. *auseinander, abwärts*) und den dazu passenden Zeitwörtern (z.B. *setzen, gehen*) werden jetzt immer **getrennt** geschrieben.

Beispiele: *Der Lehrer wird die beiden Kinder **auseinander** setzen.*
*Wir müssen auf diesem Weg noch eine Weile **abwärts** gehen.*

Diese Regel gilt nicht nur bei **wörtlichem Gebrauch** der Verbindung (z.B. den Berg abwärts gehen), sondern auch im **übertragenen Sinn**.

Beispiel: *Mit seinen Leistungen sollte es nicht noch weiter **abwärts** gehen.*

Es folgen weitere **zusammengesetzte Umstandswörter**, die in Verbindung mit Zeitwörtern immer **getrennt** geschrieben werden. Man muss sie sich gut einprägen:

*aneinander, anheim, aufwärts, beieinander,
durcheinander, rückwärts, seitwärts,
überhand, vorlieb, vorwärts*

✱ Setze die folgenden **zusammengesetzten Umstandswörter** mit den entsprechenden Zeitwörtern richtig in die Sätze ein!

Umstandswörter: *anheim, vorlieb, beieinander, rückwärts*
Zeitwörter: *bleiben, nehmen, fahren, stellen*

1) Sarah und Susanne möchten gerne _____ _____ .
2) Leider müssen Sie mit diesem Bett_____ _____ .
3) Frau Opel musste mit ihrem Auto _____ _____ .
4) „Wir möchten es Ihnen_____ _____ , ob Sie den Rock umtauschen oder nicht."

- -

1) *beieinander bleiben*
2) *vorlieb nehmen*
3) *rückwärts fahren*
4) *anheim stellen*

Merke: Verbindungen mit *sein* schreibt man stets **getrennt**.

Beispiele: *beisammen sein*   *da sein*   *zufrieden gewesen*
           vorbei sein   *los sein*   *außerstande gewesen*
           fertig sein   *zumute sein*   *(auch: außer Stande gewesen)*
           zurück sein

Zusammenfassung

Auf einen Blick: Was man über die **Getrenntschreibung** im Zusammenhang mit **Zeitwörtern** wissen muss

Man schreibt getrennt:

Eigenschaftswort (wenn steigerbar oder erweiterbar)	+ Zeitwort	*jemandem etwas **nahe** bringen*
Namenwort	+ Zeitwort	*Die Kunden mussten **Schlange** stehen.*
Zeitwort	+ Zeitwort	*Jeder muss **schreiben** lernen.*
Mittelwort	+ Zeitwort	*Sie werden es **geliefert** bekommen.*
zusammengesetztes Umstandswort	+ Zeitwort	*Bitte das Klassenzimmer nicht **auseinander** nehmen!*
Verbindungen mit *sein*		*Wir werden bald **frei** sein.*

2. Getrenntschreibung im Zusammenhang mit Eigenschaftswörtern (Adjektiven)

2.1 Getrenntschreibung bei Verbindungen, in denen das erste Wort auf *-ig, -isch* oder *-lich* endet

Beispiele: *winzig klein*   *tropisch heiß*   *schrecklich doof*

✱ Suche die zusammengehörenden Wörter und setze sie richtig in die folgenden Sätze ein!

weit, mikroskopisch, riesig, klein, unendlich, groß

Die Pyramiden sind _____ _____.
Bis zum Mittelpunkt unserer Milchstraße ist es _____ _____.
Die Welt der Bakterien ist _____ _____.

- -

riesig groß, unendlich weit, mikroskopisch klein

2.2 Getrenntschreibung bei Verbindungen, in denen das **erste** Wort ein **Mittelwort** ist

Beispiele:

blendend weiß   *gestochen scharf*   *leuchtend weiß*
            Mittelwörter

✱ Finde die passenden Eigenschaftswörter!

Der Glöckner von Notre Dame war abschreckend _____.
Der Tee ist noch kochend _____.
Die weiße Hauswand in der Sonne ist blendend _____.

- -

> abschreckend hässlich, kochend heiß, blendend hell (grell)

2.3 **Getrenntschreibung** bei Verbindungen, in denen das **erste** Wort **erweiterbar** oder **steigerbar** ist

leicht verdaulich   steigerbar: **leichter** verdaulich

✱ Getrennt oder zusammen? Setze ein.
1. *(dicht/behaart)* Der Wolfsmensch war _____.
2. *(schwach/bevölkert)* Dieser Teil des Kontinents ist _____.
3. *(schwer/verständlich)* Diese Regel ist wirklich _____.
4. *(streng/gläubig)* Er ist ein _____ Katholik.

> 1. *dicht behaart*   2. *schwach bevölkert*   3. *schwer verständlich*
> 4. *strenggläubiger*

Zusammenfassung

Man schreibt Verbindungen mit **Eigenschaftswörtern** getrennt:

Wörter mit den **Endsilben** *-ig, -isch, -lich*	+ Eigenschaftswort	Er kontrollierte **peinlich** genau.
Mittelwort	+ Eigenschaftswort	ein **gestochen** scharfes Foto
Eigenschaftswort (wenn **erweiterbar** oder **steigerbar**)	+ Eigenschaftswort/ Mittelwort	**stark** verschmutzt

Ausnahmen: **Zusammenschreibung**

1. Zusammengesetzte Zeitwörter (Verben)

> **Regel:** Wörter **verschiedener** Wortarten (z.B. *Schlaf, lang, wider*) können mit **Zeitwörtern untrennbare** Zusammensetzungen bilden. Man schreibt sie **zusammen**.

Beispiele: *schlafwandeln*
Namenwort + Zeitwort

langweilen
widersprechen

Was heißt untrennbare **Zusammensetzung**?
Das bedeutet, dass sich solche Wörter nicht zerlegen lassen. Schließlich kann man nicht schreiben: *Er wandelt Schlaf.* Das geht einfach nicht.
Hier nun die wichtigsten Arten von untrennbaren Zusammensetzungen:

1.1 Zusammensetzungen aus **Namenwort** + Zeitwort:

Schluss + folgern ⟶ *schlussfolgern*   *wehklagen*
                           brandmarken   *wetteifern*
Namenwort Zeitwort   *handhaben*   *nachtwandeln*
                           maßregeln   *lobpreisen*

Diese zusammengesetzten Zeitwörter lassen sich also nicht zerlegen.
Man muss sie zusammenschreiben.

Beispiele: *Maria **handhabt** das Gerät recht schwerfällig.*
*Der Direktor **maßregelt** seinen Angestellten.*
Schließlich kann niemand sagen:
Der Direktor regelt seinen Angestellten maß.

Einige Zusammensetzungen werden allerdings nur in der **Grundform** (Infinitiv), als **Namenwort** (substantiviert) oder gelegentlich als **Mittelwort** (Partizip) gebraucht:
z.B. *notlanden*

Grundform   *Der Pilot musste **notlanden**.*
Namenwort   ***Notlanden** ist oft der letzte Ausweg.*
Mittelwort *Der Flieger ist **notgelandet**.*

Weitere Beispiele:

bauchreden	*bergsteigen*	*bruchlanden*
bruchrechnen	*brustschwimmen*	*kopfrechnen*
notlanden	*punktschweißen*	*schutzimpfen*
segelfliegen	*seiltanzen*	*sonnenbaden*
wettlaufen	*wettrennen*	*zwangsräumen*

1.2 Zusammensetzungen aus **Eigenschaftswort** + Zeitwort:

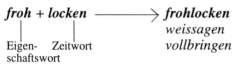

froh + locken ──────→ *frohlocken*   *langweilen*
  | | *weissagen*   *liebkosen*
Eigen- Zeitwort   *vollbringen*   *vollenden*
schaftswort

1.3 Zusammensetzungen aus **Verhältniswort/Umstandswort** + Zeitwort:

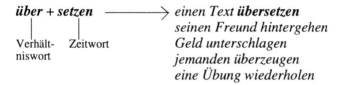

über + setzen ──────→ *einen Text übersetzen*
  | | *seinen Freund hintergehen*
Verhält- Zeitwort   *Geld unterschlagen*
niswort   *jemanden überzeugen*
                          eine Übung wiederholen

Es gibt eine Vielzahl von Zusammensetzungen aus **Verhältniswörtern** (z.B. *aus, vor*) und **Umstandswörtern** (z.B. *daher, hinauf*) + Zeitwort, die zwar trennbar sind, die man aber dennoch zusammenschreibt, wenn sie nacheinander im Satz stehen:

*ab*ändern, *aus*tauschen, **daher**kommen, **davon**laufen, **durch**kommen, **entgegen**kommen, **fort**gehen, **herab**steigen, **her**bringen, **hinauf**gehen, **hinaus**laufen, **hinein**schauen, **hin**fallen, **hinterher**rennen, **los**reißen, **mit**machen, **voraus**laufen, **vor**sprechen, **weg**räumen, **wieder**sehen, **zurück**kommen, **zusammen**schreiben

Leider gibt es noch viele solcher Wörter und man kann sie sich nicht alle merken. Das ist auch nicht so wichtig, denn man hat sie bisher auch schon zusammengeschrieben.
Es ist besser sich jene **Umstandswörter** zu merken, die von nun an **immer getrennt** geschrieben werden. Du hast sie schon kennen gelernt im Abschnitt Getrenntschreibung bei zusammengesetzten Umstandswörtern in Verbindung mit einem Zeitwort auf Seite 36. Vielleicht siehst du dort noch einmal nach.

✹ Setze richtig ein: **getrennt** oder **zusammen**?

Ach wissen Sie, ich will ja nicht
(froh/locken) _____,
dass wir das heutige Spiel gewonnen
haben. Es würde mir
(leicht/fallen) _____
„Hurra" zu schreien. Nein, man muss
sich beim Siegesgeschrei
(zurück/halten) _____,
darauf kommt es doch an. Natürlich haben unsere Jungs den Sieg nicht
(geschenkt/bekommen) _____ .
Aber so, wie die Dinge jetzt *(aus/sehen)* _____, müssen wir
beim Halbfinale, auch wenn wir unseren Angstgegner von der letzten EM
(wieder/sehen) _____ , nicht die Hosen ..., ich meine, nicht
ohne Stolz aufs Spielfeld *(hinaus/laufen)* _____ . Allerdings
dürfen wir nicht *(Schluss/folgern)* _____ , dass wir
den Sieg schon in der Tasche haben!

- -

*frohlocken — leicht fallen — zurückhalten — geschenkt bekommen —
aussehen — wiedersehen — hinauslaufen — schlussfolgern*

Zusammenfassung

Untrennbare Zusammensetzungen mit Zeitwörtern (Zusammenschreibung!) entstehen aus:

Namenwort	+ Zeitwort	*Sie **hand**habt das Gerät sehr sicher.*
Eigenschaftswort	+ Zeitwort	*Wir **lang**weilten uns entsetzlich.*
Verhältniswort	+ Zeitwort	*Sein Freund wollte ihn **hinter**gehen.*

2. Zusammengesetzte Eigenschaftswörter (Adjektive) und Mittelwörter (Partizipien)

> **Regel:** Wörter **verschiedener** Wortarten (z.B. *Finger, taub*) können ebenso mit **Eigenschaftswörtern** und **Mittelwörtern** Zusammensetzungen bilden, die man zusammenschreiben muss.

Hier findest du die wichtigsten:

    2.1 Zusammensetzungen, bei denen der **erste Bestandteil** für eine **Wortgruppe** steht:

Beispiele:

fingerbreit
steht für die **Wortgruppe** *wie ein Finger* + Eigenschaftswort

bahnbrechend
steht für die **Wortgruppe** *sich eine Bahn* + Mittelwort

✱ Finde die entsprechenden zusammengesetzten Eigenschafts- oder Mittelwörter!

von Angst erfüllt   *angsterfüllt*
weich wie Butter _____
vor Freude strahlend _____
gegen Hitze beständig _____
mehrere Jahre lang _____
einen oder mehrere Meter hoch _____
durch das Milieu bedingt _____
zum Denken zu faul _____

butterweich; freudestrahlend; hitzebeständig; jahrelang; meterhoch; milieubedingt; denkfaul

2.2 Zusammensetzungen, bei denen ein **Bestandteil** als **selbstständiges** Wort in dieser Form **nicht** vorkommt:

Beispiele: *groß**spurig***   *viel**deutig***

kommt als selbstständiges Wort nicht vor

ebenso bei: **red***selig,* **schwerst***behindert,* **schwind***süchtig,* **blau***äugig,* **klein***mütig*

2.3 Zusammensetzungen aus zwei **gleichrangigen Eigenschaftswörtern**

Beispiele:
taub + stumm = taubstumm
nass + kalt = nasskalt
rosa + rot = rosarot
feucht + warm = feuchtwarm

2.4 Zusammensetzungen mit Wörtern, die das nachfolgende Eigenschaftswort in seiner Bedeutung **verstärken** oder **vermindern**:

bitter + kalt = bitterkalt

bitter **verstärkt** die Bedeutung von *kalt*   Die Zusammensetzung drückt besondere Kälte aus.

lau + warm = lauwarm

lau **vermindert** die Bedeutung von *warm*   Die Zusammensetzung drückt aus, dass etwas **nicht** sehr warm ist.

✷ Bilde weitere Beispiele, indem du die folgenden Bestandteile richtig zusammensetzt (schreibe die Lösungen auf einen Schreibblock):

grund-, tod-, minder-, brand-, stock-, ur-
dunkel, falsch, neu, begabt, alt, müde

grundfalsch; todmüde; minderbegabt; brandneu; stockdunkel; uralt

Zusammenfassung

Zusammensetzungen mit Eigenschaftswörtern und Mittelwörtern, die man zusammenschreibt:

ein Wort, das stellvertretend für eine **Wortgruppe** steht	+Eigenschaftswort/ Mittelwort	*Das ist eine **bahn**brechende Erfindung.*
ein **Wort,** das **selbstständig** nicht vorkommt	+Eigenschaftswort	*Er hat ein **schwind**süchtiges Aussehen.*
Eigenschaftswort	+Eigenschaftswort	*Er sah eine **rot**braune Farbe.*
ein **Wort,** welches das nachfolgende **verstärkt/vermindert**	+Eigenschaftswort	*Das Wasser war **lau**warm.*

3. Schreibung mit Bindestrich

3.1 vorgeschriebene Verwendung

Es ist ja bekannt, dass der Bindestrich gesetzt werden muss um **unterschiedliche** Bestandteile einer Zusammensetzung zu verdeutlichen:

Beispiele: *b-Moll;   y-Achse;   Fußball-WM;   dpa-Meldung*

Daran hat sich nicht viel geändert und so gibt es diesmal nur wenig zu lernen. Die einzige kleine Änderung erfährt man in der folgenden Regel:

> **Regel 1:** In **Ziffern** geschriebene Zahlen sollen von nun an bei allen Zusammensetzungen mit **Bindestrich** vom Rest des Wortes abgetrennt werden.

Beispiele: *9-jährig, 8-Stunden-Tag, 5-tägig, 8-Zylinder, 10-Pfünder, 8-Tonner, 3-mal, der 8-Jährige, 8-jährig, 100-prozentig, der 6:5-Sieg;*

Beachte: *neunjährig, Achtstundentag, fünftägig, Achtzylinder, dreimal*

✸ Setze zusammen:

Ziffer	Wort	Ziffer	Wort
12	mal	10	prozentig
6	Zylinder	5	jährig
3	silbig	2:3	Niederlage
2	zeilig	3/4	Takt

12-mal; 6-Zylinder; 3-silbig; 2-zeilig;
10-prozentig; 5-jährig; 2:3-Niederlage; 3/4-Takt

> **Regel 2:** Nachsilben (z.B. *-er, -tel*) werden auch weiterhin **ohne** Bindestrich an **Ziffern** angeschlossen.

Beispiele: *der 68er,   ein 16tel,   10%ig,   20fach,   das 1000fache*

> **Regel 3:** Solche Verbindungen (z.B. *68er*) können nun wieder mit **Bindestrich** an andere Wörter angeschlossen werden.

Beispiele: *die 68er-Generation, eine 32stel-Note, ein 100stel-Millimeter, in den 80er-Jahren* (erlaubt ist auch *in den 80er Jahren*)

Diese Regeln sind nicht schwer, aber man muss sie sich gut einprägen.

3.2 freigestellte Verwendung

Die neuen Rechtschreibregeln geben dem Schreiber mehr Möglichkeiten den Bindestrich nach eigenem Ermessen zu setzen. Zum Beispiel,

- wenn man **einzelne Bestandteile hervorheben** möchte:

  der Möchtegern-Caruso, die Kann-Bestimmung, das Nach-Denken, etwas be-greifen, die Über-Sicht

- wenn man **unübersichtliche Zusammensetzungen** gliedern will:

  die Lotto-Annahmestelle, die Mehrzweck-Küchenmaschine, der wissenschaftlich-technische Fortschritt, ein deutsch-französisches Wörterbuch

- um **Missverständnisse** zu vermeiden:

  Musiker-Leben und *Musikerleben*

- beim **Zusammentreffen** von **drei gleichen** Buchstaben (vgl. Seite 9):

  Stoff-Fetzen, Bett-Tuch, Kaffee-Ersatz

✳ Setze bei den folgenden Wörtern nach eigenem Ermessen einen Bindestrich:

die Icherzählung; der ökologischmedizinische Gesichtspunkt; das Druckerzeugnis; die Hawaiiinseln

- -

Lösungsvorschläge: *die Ich-Erzählung; der ökologisch-medizinische Gesichtspunkt; das Druck-Erzeugnis* oder *das Drucker-Zeugnis; die Hawaii-Inseln*

D) Worttrennung am Zeilenende

Die Regeln bei der Worttrennung haben sich nicht wesentlich verändert, neu ist, dass man mit einer Grundregel fast alles richtig machen kann.

> **Grund-** Steht bei einem Wort zwischen zwei **Selbstlauten** (Vokalen)
> **regel:** ein **Mitlaut** (Konsonant) (z.B. *Haken*), so kommt er bei der Trennung auf die **nächste** Zeile *(Ha-ken)*.

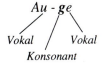

Die Grundregel ist aber leider noch nicht zu Ende:

> Stehen **mehrere** Mitlaute (Konsonanten) dazwischen (z.B. *Eltern* oder *impfen*), so kommt **nur** der **letzte** auf die neue Zeile (*El-tern* oder *imp-fen*).
> letzter Konsonant

Dabei gelten wie bisher *ch, sch, ph* oder *th* als **ein** Mitlaut (Konsonant).

    su-chen,   wa-schen,   Ste-phan,   Zi-ther

So einfach ist das. Oder nicht?
Zumindest ist es ja nichts Neues. Eher eine Wiederholung.

1. Neuerungen bei st und ck

1.1 *st*

Schade um die berühmte Ausnahme *(„Trenne nie st, denn es tut ihm weh")*, die nun nicht mehr gilt, sondern ganz schlicht von der Grundregel erfasst wird:

Der **letzte Mitlaut** (Konsonant) muss auf die nächste Zeile.

Beispiele: *Pflas - ter*   *fins - ter*
                    flüs - tern   *ers - ter*

1.2 *ck*

Für den Verwandlungskünstler *ck* (*ck* konnte sich ja in *k - k* verwandeln) kommt das Aus. Es geht ihm nicht anders als *ch (su-chen)* und *sch (wa-schen)*; er muss auf die nächste Zeile.

Beispiele: *We - cker*
              ni - cken
              pa - cken
              Mü - cke

2. Abtrennung einzelner Vokalbuchstaben am Wortanfang

Viele Kinder werden sich freuen. Was sie schon immer wollten (aber nie durften), wenn sie - ganz der Regel folgend - Wörter bei langsamem Sprechen in Silben zerlegten, ist nun amtlich:

> **Regel:** Am **Anfang** eines Wortes können einzelne **Selbstlaute** (Vokale) abgetrennt werden.

Beispiele: *A - bend*
              O - fen
              E - sel

3. Möglichkeit der Wahl zwischen alter und neuer Trennung

3.1 bei zusammengesetzten Wörtern

Zusammensetzungen werden natürlich zwischen den **einzelnen Bestandteilen** getrennt, z.B. *Vor-trag, Haus-flur, Durch-gang, kom-plett*. Dies nur zur Erinnerung.
Manche Zusammensetzungen werden heute nicht mehr als solche empfunden. Sie können (müssen aber nicht) nach der **Grundregel** getrennt werden (letzter Mitlaut auf die nächste Zeile).

Beispiele: *hi - nauf* (statt wie bisher *hin-auf*)
he - runter (statt *her-unter*)
da - rum (statt *dar-um*)

3.2 bei Fremdwörtern

Letzter Punkt! Bisher nur etwas für gebildete Leute, die Lateinisch oder Griechisch können. Doch von nun an können Leute wie du und ich ein Wort wie *Helikopter* genussvoll zerlegen:

He - li - kop - ter

Für den Gebildeten, der die Zusammensetzungen der Herkunftssprache kennt, weiterhin erlaubt:

He - li - ko - pter

✳ Probier es, es macht Spaß:

Pädagogik; Hektar; parallel; Chirurg; Hydrant; Februar; Magnet; Zyklus; Chrysantheme

----

Die bisherige, weiter erlaubte Schreibweise steht jeweils in Klammern.

Pä-da-go-gik (Päd-ago-gik); Hek-tar (Hekt-ar); pa-ral-lel (par-al-lel); Chi-rurg (Chir-urg); Hyd-rant (Hy-drant); Feb-ruar (Fe-bruar); Mag-net (Ma-gnet); Zyk-lus (Zy-klus); Chry-san-the-me (Chrys-an-the-me)

E) Zeichensetzung

- **Das Komma** bei *und* oder **verwandten** Bindewörtern (Konjunktionen)

Wie bisher **muss** zwischen gleichrangigen Teilsätzen ein Komma stehen.

Beispiel: *Wir setzten uns an den Tisch, die Feier konnte beginnen.*

Das Komma musste bisher auch dann stehen, wenn diese Teilsätze mit *und* verbunden waren:

Wir setzten uns an den Tisch, und die Feier konnte beginnen.

Dies hat sich geändert und jedes Kind hat Recht, das bisher schon behauptet hat: Vor *und* steht kein Komma.

Regel 1: Sind gleichrangige **Teilsätze** durch *und* verbunden, so setzt man **kein** Komma.

Eine liebenswerte Regel. Man muss nun einfach nicht mehr so viel denken.

✱ Verbinde die folgenden Sätze passend mit *„und"* und erfreu dich der neuen Kommaregel!

Das Tor wurde geschlossen. Viele mussten draußen bleiben.
Der Mond stieg höher. Immer mehr Sterne funkelten.

*Das Tor wurde geschlossen **und** viele mussten draußen bleiben.*
*Der Mond stieg höher **und** immer mehr Sterne funkelten.*

Regel 2: Man setzt ebenfalls **kein** Komma zwischen Teilsätzen oder Wortgruppen bei den Bindewörtern *oder, beziehungsweise, sowie, wie, entweder ... oder, nicht ... noch, sowohl ... als auch, weder ... noch.*

Beispiele: *Wollt ihr mitkommen **oder** habt ihr etwas anderes vor?*
*Ich habe **weder** die Betten gemacht **noch** das Fenster geöffnet.*

Nun eine Regel, die nicht neu ist, aber in diesem Zusammenhang unbedingt beachtet werden muss:

> **Regel 3:** Bei **entgegenstellenden** Bindewörtern wie ***aber, doch, jedoch, sondern*** steht weiterhin ein Komma.

Beispiel: *Die Hose ist schön, **aber** zu kurz.*
*Wir fahren nicht heute, **sondern** morgen.*

Ehe du die folgende Übungsaufgabe machst, solltest du die drei Kommaregeln noch einmal durchlesen.

✱ Setze Kommas, wo es nötig ist.

Einige Sätze aus der Wunschliste von Schülern an Lehrer:

1) **Entweder** man macht Hausaufgaben **oder** man macht sie nicht.
2) Dies gilt nicht nur bei gutem **sondern** auch bei schlechtem Wetter.
3) Schüler behandeln den Lehrer freundlich **und** der Lehrer ist auch zu den Schülern nett.
4) Noten gibt es **weder** für kleine **noch** für große Schüler.
5) Der Lehrer lobt den Schüler **aber** er tadelt ihn nicht.
6) Die Schüler dürfen **sowohl** in der Pause **als auch** während des Unterrichts essen und trinken.

-----

1) kein Komma 2) *... bei gutem, sondern auch ...* 3) kein Komma
4) kein Komma 5) *... den Schüler, aber ...* 6) kein Komma

Leider keine Regel ohne Ausnahmen!

> **Regel 4:** Bei gleichrangigen Teilsätzen **kann** man ein **Komma setzen,** wenn man **Missverständnisse** vermeiden oder den Satz **deutlicher gliedern** will.

Was hier gemeint ist, wird man leicht verstehen, wenn man den Anfang dieser beiden gleichrangigen Teilsätze liest: (man muss ja hier nach Regel 1 **kein** Komma setzen)

Ich malte die Berge und meine Tochter ...
        Teilsatz 1   Teilsatz 2

Nun mit dem fehlenden Ende:

Ich malte die Berge und meine Tochter pflückte Blumen.
Beachte: Solange man diesen Satz nicht bis zu seinem Ende gelesen hat, könnte man - ohne Komma - meinen, dass ich die Berge **und** meine Tochter malte.

Soll man beim Lesen also nicht auf falsche Gedanken kommen, so setzt man besser (entgegen Regel 1) ein Komma:

Ich malte die Berge, und meine Tochter pflückte Blumen.

- **Das Komma** bei **Grundform-** (Infinitiv-) und **Mittelwortgruppen** (Partizipialgruppen)

Erinnerung an die alte Regel: Im Gegensatz zur **einfachen** Grundform musste bei der **erweiterten** Grundform **bisher** ein Komma stehen.

Alles klar? Wenn nicht, dann sieh dir die folgende Erklärung genau an.

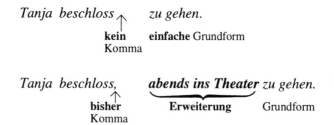

Und nun kommen die neuen Regeln:

Regel 1: Bei der **erweiterten Grundform** muss kein Komma mehr gesetzt werden (persönliche Entscheidungsfreiheit!).

Beispiel: *Tanja beschloss abends ins Theater zu gehen.*
              ↑
           kein Komma

Eine Erleichterung für den, der bisher mit dieser Regel Schwierigkeiten hatte.

Ähnlich verhält es sich bei **Mittelwortgruppen.**

Auch hier zur Erinnerung: Bei erweiterten Mittelwortgruppen musste bisher ein Komma gesetzt werden.

***Ein fröhliches Lied** singend, fuhren die Kinder in die Ferien.*
  ⎽⎽⎽⎽⎽⎽⎽⎽⎽⎽⎽⎽⎽⎽⎽⎽   ↑
     Erweiterung   bisher: Komma

> **Regel 2:** Bei erweiterten Mittelwortgruppen muss kein Komma mehr gesetzt werden (persönliche Entscheidungsfreiheit!).

Beispiel: *Ein fröhliches Lied singend fuhren die Kinder in die Ferien.*
                                    ↑
                               kein Komma

Die beiden bisherigen Regeln wären nicht so schwierig gewesen, hätte es nicht mehrere gar nicht so einfache Ausnahmen gegeben. Deshalb bedeutet diese Neuregelung eine Erleichterung.

✶ Entferne die überflüssigen Kommas in den beiden Sätzen:

Als wir uns trafen, vereinbarten wir, uns später noch einmal zu treffen, diesmal im Café.
Vom Spiel ihrer Mannschaft enttäuscht, machten sich die Zuschauer durch Buhrufe Luft, aber die meisten blieben doch bis zum Schluss.

─ ─

Als wir uns trafen, vereinbarten wir uns später noch einmal zu treffen, diesmal im Café.
Vom Spiel ihrer Mannschaft enttäuscht machten sich die Zuschauer durch Buhrufe Luft, aber die meisten blieben doch bis zum Schluss.

Trotzdem kann es auch weiterhin sinnvoll sein entsprechend den bisherigen Regeln bei **Grundform-** oder **Mittelwortgruppen** ein Komma zu setzen, wenn ein Satz dadurch **deutlicher gegliedert** wird.

Beispiel: *Der Herr verließ, das Personal laut und wütend beschimpfend, das Lokal.*
Marion ist bereit, zu diesem Versuch etwas beizutragen.

✸ Versuche selbst die folgenden Sätze durch ein Komma besser zu gliedern:

Die Läufer legten um wieder zu Kräften zu kommen eine längere Pause ein.
Der alte Herr nahm von Rührung überwältigt den Preis mit zitternden Händen entgegen.

Die Läufer legten, um wieder zu Kräften zu kommen, eine längere Pause ein.
Der alte Herr nahm, von Rührung überwältigt, den Preis mit zitternden Händen entgegen.

Unerlässlich ist das Komma immer dann, wenn Missverständnisse ausgeschlossen werden sollen:

Beispiele: *Vater rät, Markus zu helfen.* (d.h. man soll *Markus* helfen)
Vater rät Markus, zu helfen. (d.h. *Markus* soll helfen)

✸ Setze in den folgenden Sätzen die Kommas so, dass sich der gewünschte Sinn ergibt:

Olga hofft jeden Tag im Garten arbeiten zu können. (sie will **täglich arbeiten**)
Olga hofft jeden Tag im Garten arbeiten zu können. (sie **hofft täglich**)

Olga hofft, jeden Tag im Garten arbeiten zu können.
Olga hofft jeden Tag, im Garten arbeiten zu können.

✸ Julia versprach ihrem Freund einen Brief zu schreiben. (sie **versprach** es ihrem Freund)

Julia versprach ihrem Freund einen Brief zu schreiben. (sie wollte ihrem **Freund** einen Brief schreiben)

Julia versprach ihrem Freund, einen Brief zu schreiben.
Julia versprach, ihrem Freund einen Brief zu schreiben.

● **Das Komma** im Zusammenhang mit **Anführungszeichen**

Eine echte Vereinfachung.

> **Regel:** Das Komma wird bei der wörtlichen Rede grundsätzlich **nicht** weggelassen.

Man schreibt ja schon:
  „Wir sehen uns morgen", sagte er lächelnd.

Von nun an schreibt man auch:
  „Sehen wir uns morgen?", fragte ich sie.
  „Du kommst morgen!", verlangte er von ihr.
    Komma beachten!

Ebenso: *Sie fragte: „Kommst du morgen?", und ging.*
Das ist nicht sehr schwer. Man muss sich nur wenig merken.

✷ Setze alle fehlenden Satzzeichen:

Mein Gespräch mit Herrn Pong
Na, was halten Sie denn von der neuen Rechtschreibung? fragte ich Herrn Pong. Der holte tief Luft und sagte: Eine Unverschämtheit, wenn Sie mich fragen und klopfte mit dem Finger auf die Tischplatte. Aber wieso? meinte ich vorsichtig. Wieso? Weil ich es unerhört finde, dass sie Regeln abschaffen, von denen ich bisher noch gar nichts wusste.

"Na, was halten Sie denn von der neuen Rechtschreibung?", fragte ich Herrn Pong. Der holte tief Luft und sagte: "Eine Unverschämtheit, wenn Sie mich fragen", und klopfte mit dem Finger auf die Tischplatte. "Aber wieso?", meinte ich vorsichtig. "Wieso? Weil ich es unerhört finde, dass sie Regeln abschaffen, von denen ich bisher noch gar nichts wusste."

Übungsdiktate zu den neuen Rechtschreibregeln

Wichtiger Hinweis: Bei den Diktaten wird grundsätzlich immer die neueste Schreibweise verwendet. Gibt es für ein Wort mehrere Schreibweisen, so ist dies vermerkt.

Opas 3-Tage-Diktat (von der 4. Klasse an)

Die neue Rechtschreibung macht Moritz traurig. Doch Opa sagt: „Die neue Rechtschreibung ist lustig. Ich werde es dir beweisen." „Wie denn?", will Moritz wissen. „Ich gebe dir ein Diktat mit den neuen Rechtschreibregeln, dann wirst du es selbst sehen." „Ist es lang?", fragt Moritz vorsichtig. „Wir können es ja auf drei Tage verteilen, wenn du einverstanden bist."
Moritz ist einverstanden und Opa beginnt:

1. Diktat
Vieles wird kürzer, zum Beispiel der lästige <u>Katarr</u> im <u>rauen</u> Winter, er verliert das h wie <u>Jogurt</u> und <u>Spagetti</u>. Nur Kinder, die <u>Balletttänzer</u> (auch: Ballett-Tänzer) werden wollen, müssen aufpassen, sie könnten über das dreifache **t** stolpern und die <u>Brennnessel</u> (auch: Brenn-Nessel) brennt jetzt ganz gewaltig mit dreimal **n**. Auch Papa wird Augen machen: Du darfst jetzt <u>Rad fahren</u> wie er schon immer mit dem Auto; aber bitte vor dem <u>Stoppschild</u> <u>Halt machen</u>, auch wenn dort Stop! nur mit einem **p** steht.

2. Diktat
Man schreibt jetzt noch öfter groß als vorher. <u>Angst und Bange</u> machen gilt nicht mehr, auch wenn es beim Zahnarzt heißt: „<u>Der Nächste</u>, bitte!" <u>Das Beste</u> ist, du machst dir nicht <u>das Geringste</u> daraus, denn <u>Groß und Klein</u> müssen alle mal zum Zahnarzt rein. Außerdem tut es ja heute gar nicht mehr weh. Schmerzen hat nur noch das **st**, denn es wird getrennt: das <u>Bes-te</u>.

3. Diktat
Und jetzt kommt noch etwas Schönes: Wenn du <u>heute Nachmittag</u> deine Anna triffst, dann <u>küsst</u> du sie zum ersten Mal mit **ss**. Schenkst du ihr eine Rose, dann <u>vergiss</u> nicht vorher (jetzt <u>pass</u> auf!) den <u>Stängel</u> abzuschneiden, damit sie <u>frisch bleibt</u>. Und bring mir ein <u>bisschen Karamellpudding</u> mit, den macht Annas Mutter nämlich <u>ebenso gut</u> wie deine Oma. Das genügt. Hoffentlich habe ich nicht <u>irgendetwas</u> vergessen.
„Natürlich hast du etwas vergessen!", sagt Oma, die unbemerkt zugehört hat.
„So. Was denn?"
„Dass man in einem Brief in dem Satz 'Warum erzählst du bloß deinem Enkel diese dummen Geschichten?' jedes **d** kleinschreibt."

Das SOS-Kinderdorf, eine weltweite Einrichtung

4. Diktat (von der 4. Klasse an)
„Sieh dir die schönen Häuser an!", sagt Katrin zu ihrer Mutter und zeigt ihr ein Foto von einem SOS-Kinderdorf in einem Land der Dritten Welt. „Lass mal sehen!", sagt Mutter und sieht sich das Foto genau an. „Dort leben Kinder ohne Eltern, ohne Verwandte, also ohne irgendjemand. Das ist doch traurig!", sagt Katrin nun. „Du hast Recht. Aber die Kinder leben wie in einer richtigen Familie zusammen, immer fünf bis acht mit einer Mutter, die sie lieb hat und die auf sie aufpasst." „Muss eine Mutter mit so vielen Kindern denn nicht arbeiten gehen?", will Katrin wissen. „Aber nein, Kinderdorf-Mutter ist ja ihr Beruf."
„Aber woher bekommt sie dann Geld? Wenn ich mir vorstelle, wie viel ein Kind allein schon isst!" Mutter überlegt: „Genau genommen bekommt sie ihr Geld zum Beispiel von - dir." „Von mir?" „Ja, wenn du es so machst wie unzählige andere: Du spendest ein paar Mark von deinem Taschengeld."
Katrin wird nachdenklich. „Vielleicht werde ich auch einmal Kinderdorf-Mutter."

Ein wichtiges Urteil

5. **Diktat** (von der 5. Klasse an)

Auf dem Heimweg von der Schule gerieten ein 12-Jähriger und ein 13-Jähriger in Streit. Da fiel der ältere Schüler plötzlich über den jüngeren her und presste dessen Gesicht mit solcher Gewalt gegen einen Laternenpfahl, dass dem Buben zwei Zähne abbrachen. Und nun geschah, was vor allem in der Schule die meisten außer Acht lassen, wenn sie sich mit Mitschülern streiten: Die Eltern des 12-Jährigen gingen vor Gericht und verklagten seinen Peiniger. Sie bekamen Recht. Das Oberlandesgericht entschied in einer Grundsatzentscheidung Folgendes: Auch ein 13-Jähriger muss für seine Tat verantwortlich gemacht werden, wenn man annehmen kann, dass er zur Tatzeit zu der Einsicht fähig ist, dass seine Handlung unrecht ist. Das hieß in unserem Fall: 1000 DM Schmerzensgeld für das Opfer. Das Gericht wies außerdem darauf hin, dass bereits ab dem siebten Lebensjahr Haftung für unerlaubte Handlungen eintreten kann.

Wenn Rohheit und Gewalt bei Kindern nicht überhand nehmen sollen, so muss man ihnen klar machen, dass auch sie für die Folgen ihres Tuns einzustehen haben.

Ein Tag mit Kater Murr

6. Diktat (von der 5. Klasse an)
Es ist helllichter Tag, als Sabine die Augen aufschlägt. Kater Murr räkelt sich auf dem kleinen Teppich vor ihrem Bett und blinzelt sie erwartungsvoll an. Ein ganz gewöhnliches Erwachen - jedenfalls, bis Sabine dem Kater guten Tag (auch: Guten Tag) sagt oder besser: sagen will, denn obwohl sie beim Sprechen die Lippen bewegt, kommt kein Laut heraus. Das ist ja grässlich! Aber das Beste kommt erst! Plötzlich antwortet einer (aber es ist doch keiner da!): „Na, wer wird denn gleich Kopf stehen! Auch dir einen Guten Tag (auch: guten Tag), Sabine. Wie geht's uns heute Morgen?" Sabine ist erst mal sprachlos. Das ist gewiss noch ein Traum, es könnte aber ebenso gut der drückend heiße Sommermorgen Schuld haben an ihrer Verwirrung. Darum keine Panik, erst mal sich selbst ruhig stellen und freundlich antworten: „Gut natürlich, wenngleich ein bisschen seltsam ..." Sie gerät ins Stocken, denn wieder lässt sich kein Ton vernehmen, dafür - ihr wird siedend heiß - weiß sie nun, wer spricht. Es ist kein anderer als - Kater Murr. „Ich will dir doch nicht Bange machen!", redet er beruhigend auf sie ein, als hätte er ihren Schreck bemerkt.
So beginnt der seltsamste Tag in Sabines Leben, der einzige und unwiederholbare Tag, an dem sie mit ihrem Kater sprechen kann. Worüber sie geredet haben? Sabine wird es nie verraten, aber zu den Tieren ist sie von nun an freundlicher als je zuvor, schützt sie vor der Rohheit der Menschen, wenn diese ihnen etwas zu Leide tun (auch: zuleide tun) wollen, und bemüht sich, dass niemand ihre Rechte missachtet. Sabine und ihr Kater sind unzertrennlich, wollen immer beisammenbleiben und Murr genießt es, wenn Sabine nach Hause kommt, sich als Erstes zu ihm setzt und sein glänzend schwarzes Fell streichelt.

Ferienglück

7. Diktat (von der 6. Klasse an)

Da waren sie: Marks große Ferien. Die Schultasche in null Komma nichts in die Ecke befördert. Dann einmal tief durchgeatmet. Das Zeugnis? Bunt schillernd zwar, aber immerhin viermal die Zwei! Da sollte einem doch nicht bange sein. Der hell leuchtende Sommertag vor der Tür müsste nun wirklich nicht mehr warten, wäre da nicht Mamas lästiges „Stopp!" und „Isst du nicht doch noch ein bisschen vom italienischen Salat? Nimm wenigstens was mit!" „Bin ich ein Känguru mit Beutel?" Nein, jetzt bloß nicht mehr an den Esstisch zurück, selbst mit einem Megafon hätte Mutter das nicht fertig gebracht, denn draußen gab's Schmetterlinge, Eistee und Hotdogs (auch: Hot-Dogs) an der Imbissbude, das alte Betttuch (auch: Bett-Tuch) als Sonnensegel, dicke weiße Schönwetterwolken (besonders gut durch die helllila Sonnenbrille zu betrachten) und vor allem das Schwimmbad, wo man den anderen zeigte, dass man schwimmen konnte wie ein Delfin (auch: Delphin) und von wo man braun gebrannt wie Malzkaffee nach Hause kam. Und dann waren da noch die kleinen Ladys von der Nachbarsiedlung, die gar nicht mal so schlecht Fußball spielten.

Ja, der Sommer schmeckte wie der Schokoladenguss auf Mutters selbst gebackenem Kuchen.

Der Stauberater

8. Diktat (von der 7. Klasse an)
Sommerferien. Auf der Autobahn fährt man dicht gedrängt im Schritttempo (auch: Schritt-Tempo) hintereinander, gerät zum x-ten Mal in dieselbe Stresssituation (auch: Stress-Situation): S t a u . Die Kinder, klitschnass, quengeln in ihren Rücksitzen. Vaters letztes Quäntchen Humor ist endgültig verloren gegangen und Mutter schiebt ihm, wie jedes Mal (auch: jedesmal), den schwarzen Peter zu: „Was musst du auch immer als Erster auf der Autobahn sein! Das hast du nun davon."
Aber während sich die Eltern noch schwer tun ihren Streit zu beenden, kommt, von den Kindern heiß ersehnt, auf seinen Rollerskates (auch: Roller-Skates), er, der Retter, der Stauberater vom DAK (Deutscher Automobilklub), und leistet erste Hilfe. Auf seine Frage: „Fürchtet ihr den großen Stau?" tönt es aus Hunderten (auch: hunderten) von Kinderkehlen: „Nein, nein, nein!" Darauf er: „Wenn er aber kommt?" „Dann laufen wir davon!", kreischen selbst die Kleinsten. Jetzt gibt's kein Halten mehr, Türen öffnen sich, Kinder stürzen heraus. Handküsschen verteilend laufen sie über die sonnigen Wiesen, verschwinden schließlich in den dunkelgrünen Wäldern, während der Retter vom DAK frisch gepressten Orangensaft und leicht verdauliche Häppchen an entnervte Eltern verteilt.
So tut er seinen Dienst, der Stauberater; immer froh gelaunt steht er auf Seiten (auch: aufseiten) der Rat Suchenden (auch: Ratsuchenden) und hilft den Not leidenden Kleinen, zu besonderem Anlass auch mal als Osterhase oder Weihnachtsmann verkleidet. Man muss ihn einfach lieb haben, den Stauberater.

Der Besuch der alten Dame

9. Diktat (von der 7. Klasse an)
Die alte Dame bewohnte die blendend weiße Villa neben dem Waisenhaus. Eines Tages ließ sie sich mit dem Direktor bekannt machen.
„Gestern Abend konnte ich wegen des Lärms lange nicht einschlafen", begann sie, „ich will Ihnen keineswegs lästig fallen, aber meine 50-jährige Erfahrung mit Kindern sagt mir, dass Sie hier irgendetwas falsch machen."
„Ich muss schon sehr bitten, sehr verehrte Frau ..."
„Holzapfel", ergänzte die Dame.
„Also, Frau Holzapfel, für unsere Kleinen geben meine Erzieher und ich das Letzte. Was wir allein an Sportarten anbieten: Die Kinder können Rad fahren, Schlitten fahren, Eis laufen ..."
„Das ist es ja", sagt Frau Holzapfel, „ich habe nie im Leben Sport getrieben und im Übrigen nichts dabei vermisst. Es genügt allemal spazieren zu gehen.
„Aber die Kinder müssen sich doch austoben", fing der Direktor aufs Neue an, „sehen Sie, heute Mittag gab es ein festliches Essen: Kalbsfrikassee mit Schikoree (Hauptform: Chicorée); als Nachspeise Erdbeer-Soufflee (Hauptform: Soufflé) mit Jogurt (Hauptform: Joghurt). Nachher freuen sich eben die meisten, wenn sie sich richtig austoben können."
„Austoben! Wenn ich das schon höre! Draußen sein, die Natur kennen lernen, das genügt! Sehen Sie sich Kinder von heute doch an! Jung und Alt leiden unter ihrem entsetzlichen Geschrei."
Der Direktor schnupfte ein bisschen, obwohl er nicht im Mindesten (auch: im mindesten) an Katarr (Hauptform: Katarrh) litt. „Liebe Frau Zankapfel - pardon, Holzapfel", verbesserte er sich, „im Großen und Ganzen können wir doch mit unseren Kindern zufrieden sein, aber wenn Sie die Jugend von heute aufregt, dann machen Sie doch Joga (auch: Yoga), das hilft fantastisch (auch: phantastisch) gegen ..."
„Na, gegen was denn?", sagte die Holzapfel.
„Gegen Stress natürlich!"
„Stress? Kenn' ich nicht."
„Wieso?" „Weil ich Joga (auch: Yoga) mache."
„Weshalb sind Sie dann hier?", wunderte sich der Direktor.
Da zwinkerte die alte Dame mit dem Auge: „Sie haben die Prüfung bestanden. Ich wollte nur mal wissen, ob es Ihnen bei dem Lärm, den junge Menschen nun einmal machen, ebenso gut geht wie mir."

Wörterverzeichnis

Vorbemerkungen

- Das Wörterverzeichnis enthält grundsätzlich diejenigen Wörter, die **auf eine neue Art und Weise** geschrieben werden. Daneben sind auch Wörter aufgenommen, die zwar unverändert geblieben sind, aber wichtige Rechtschreibregeln repräsentieren (z.b. *außerdem*), schon immer Problemfälle waren (z.b. *der, die, das andere*) oder trotz einer neuen Regel nach der alten Weise geschrieben werden (z.B. *Paket*).

Somit gilt: Was im Wörterverzeichnis steht, ist die nach der neuen Regelung gültige Schreibweise.

Allerdings enthält dieses Verzeichnis **nicht alle Wörter** des Deutschen, sondern nur diejenigen, deren Schreibung man am häufigsten nachschlagen muss. Wer nach Lösungen für spezielle Probleme sucht, sollte im „Duden-Wörterbuch der deutschen Sprache" nachschlagen.

- **Seitenzahlen** am Ende eines Stichworteintrages verweisen auf den Abschnitt im Erläuterungs- und Übungsteil, in dem das entsprechende Problem näher erklärt wird.

- Wird ein Wort mit einer Reihe nachfolgender Wörter jeweils zusammengeschrieben, so ist dies durch einen **Trennungsstrich** markiert, z.B. *entlanggehen/-fahren*. Steht ein Wort nur neben einem der nachfolgenden Wörter (Wortverbindung), schreibt man sie also jeweils nicht in einem Wort, so steht kein Trennungsstrich, z.B.: *gegeneinander drücken/laufen/stoßen* ...

- Zur neuen s-Schreibung wurden nur wenige exemplarische Wörter aufgenommen; die Regel lässt sich leicht auf alle in Frage kommenden Wörter übertragen, daher haben wir auf eine umfassende Aufnahme dieser Fälle verzichtet.

- In manchen Fällen lässt die neue Rechtschreibregelung eine **Haupt- und eine Nebenvariante** zu. Das bedeutet, dass es eine **empfohlene Schreibweise** - eben die Hauptvariante - und eine **zulässige Schreibweise** - die Nebenvariante - gibt.

In unserem Wörterverzeichnis ist der Unterschied zwischen Haupt- und Nebenform so gekennzeichnet: Die **Hauptform** ist **immer fett** gedruckt, ein nachfolgendes auch: verweist auf die Nebenform. (Beispiel: **Majonäse**, auch: Mayonnaise.) Weichen Haupt- und Nebenform in der alphabetischen Reihenfolge voneinander ab, so steht die **Nebenform** in **magerer** Schrift an ihrem alphabetisch richtigen Platz und verweist durch den **Pfeil** → auf die (fett gedruckte) Hauptform. (Beispiel: Mayonnaise → **Majonäse**).

A

A-bend S. 50
Abend/abends: heute Abend, morgen Abend S. 20, zu Abend essen; aber: am Sonntagabend, sonntagabends, sonntags abends, eines Sonntagabends
ab sein S. 37
abwärts: die Treppe abwärts gehen, mit ihr wird es abwärts gehen S. 36
mit **Ach und Krach**
acht/Acht (Zahlwort): Kleinschreibung: achtmal, achtjährig; auch: 8-mal, 8-jährig S. 47; die ersten acht; das achte Weltwunder; Großschreibung: der, die, das Achte; der Achtjährige; auch: der 8-Jährige; Heinrich der Achte (Eigenname) S. 28
Acht (Aufmerksamkeit): Acht geben/haben, außer Acht lassen, sich in Acht nehmen S. 18
achtzig: achtzig Jahre, mit achtzig Jahren/Stundenkilometern; Mitte der achtzig, der Mensch über achtzig, in die achtzig kommen
Achtziger/achtziger: die Achtzigerjahre; auch: die achtziger Jahre/ 80er-Jahre/80er Jahre S. 48
A-dres-se: auch: Ad-res-se
ähnlich: ich habe Ähnliches erlebt; und/oder Ähnliches

Albtraum = Alptraum S. 13
allein erziehend/selig machend/ stehend
das **Allerbeste**
alles: alles Andere/Beliebige/ Übrige ...
allgemein gültig/verständlich; im Allgemeinen
allzu bald/früh/gern/lange/oft/sehr/ viel/weit
Alphabet
Alptraum = Albtraum S. 13
als: als Letztes/Nächstes ...
alt: Alt und Jung, alles beim Alten lassen S. 26
ander-: der, die, das andere; die anderen, jemand anderer, alles andere; etwas anderes S. 23; auch: Sie wollte etwas ganz Anderes (=völlig Neues)
aneinander denken/fügen/geraten/ reihen ... S. 36
Angst: Angst haben, Angst (und Bange) machen S. 18; aber: angst und bange sein/werden
anheim fallen/stellen ... S. 36
anlässlich
an sein S. 37
anstelle, auch: an Stelle
Apotheke

Arg: im Argen liegen, sich nichts Arges denken S. 21
Arm und Reich S. 26
Asphalt
Ass S. 10
Asthma
Athlet
aufeinander achten/folgen/stoßen S. 36
aufgrund, auch: auf Grund
aufseiten, auch: auf Seiten
Aufsicht führen
das **Auf und Ab**
aufwändig, auch: aufwendig S. 12
aufwärts: ihr müsst aufwärts steigen, mit ihm wird es bald aufwärts gehen S. 36
auf/Auf Wiedersehen sagen
aufs Beste/beste
Au-ge S. 49
auseinander gehen/legen/nehmen S. 36
außerdem S. 7
äußern S. 7
äußerst: auf das Äußerste/äußerste gefasst sein, bis zum Äußersten/äußersten gehen
außerstande sein, auch: außer Stande sein S. 18/37
Auto fahren S. 18

B

Babys S. 15
die **bachschen Orgelwerke,** auch: die Bach'schen Orgelwerke S. 30
Balletttänzer, auch: Ballett-Tänzer S. 9

Bändel S. 11
Bange machen, aber: bange sein S. 35
Bankrott gehen/machen S. 35, aber: bankrott sein S. 37
um ein **Bedeutendes** größer, aber: am bedeutendsten
behände S. 11
beidemal, aber: beide Male
beieinander bleiben/liegen/stehen ... S. 36
beisammenbleiben/-stehen ... S. 42, aber:beisammen sein S. 37
bekannt geben/machen/werden S. 35
belämmert S. 11
belehren: eines Besseren belehren, aber: eines anderen belehren
bereithalten/-stehen S. 42
zu **Berge** stehen
Beschluss S. 6
im **Besonderen,** nichts Besonderes S. 21
besser/best-: besser gehen; jemanden eines Besseren belehren; sich eines Besseren besinnen; das Beste sein; der, die, das Beste, etwas zum Besten geben, aber: am besten
bestehen bleiben/lassen S. 35
Betttuch, auch: Bett-Tuch S. 9
bewusst machen/werden S. 6/35
Bezug: in Bezug auf, mit Bezug auf, Bezug nehmen auf
Bibliothek
Biografie, auch: Biographie S. 14
Biss S. 6
bisschen S. 6
Blässhuhn = Blesshuhn
blau: blau anmalen/färben/ machen S. 34/sein S. 37; der Blaue Planet S. 28; aber: der blaue Brief S. 29
bleiben lassen S. 35
bli-cken S. 50
bloß: sie wollten mich bloßstellen,

aber: ich will bloß (=nur) mal schauen
Bluejeans, auch: Blue Jeans
Blumentopf - Erde, auch: Blumentopferde S. 48
Bonbonniere, auch: Bonboniere
Bouclé, auch: Buklee S. 15
Boutique, auch: Butike (Budike)
brachliegen S. 42
brandmarken S. 41
Bravour, auch: Bravur
breit machen: er wollte sich richtig breit machen; aber: ich ließ mich von ihm nicht breitschlagen; des Langen und Breiten
Brennnessel, auch: Brenn-Nessel S. 9
Buklee → **Bouclé** S. 15
bunt gefärbt S. 40
Bürs-te S. 49
Business S. 6
Butike (Budike) → **Boutique**

C

Chansonnier, auch: Chansonier
charmant, auch: scharmant
Choreographie, auch: Choreografie S. 14
Charme, auch: Scharm, aber nur: Charmeur
Chewinggum
Chicorée, auch: Schikoree S. 15
Chir-urg, auch: Chi-rurg S. 51
Club → **Klub**

D

dabeisitzen/-stehen S. 42, aber: dabei sein S. 37
daherkommen: Schau, wie du wieder daherkommst!; aber: das könnte daher kommen, dass ...
dar-um, auch: da-rum S. 51
danksagen, auch: Dank sagen
da sein S. 37
dass (Konjunktion) S. 6
davongehen/-kommen/-laufen ... S. 42
dein: das Mein und Dein unterscheiden; benachrichtige die deinen/Deinen
Dekolletee, auch: Dekolleté S. 15
Delphin, auch: Delfin S. 14
dennoch S. 9
dessen ungeachtet, aber: desungeachtet
deutsch/Deutsch: auf Deutsch antworten, in Deutsch, im Deutschen, er spricht Deutsch, sie unterrichtet Deutsch; er unterrichtet deutsch (= in deutscher Sprache) in Ausnahmefällen möglich: sie spricht deutsch S. 25
der **Deutsche Bundestag** S. 28
Diät halten S. 35
dicht besiedelt/bewölkt/gedrängt S. 34
durch **dick und dünn** S. 26
Dienstagabend, aber: dienstagabends, auch: dienstags abends, s. Abend
dpa - Meldung S. 47
draußen S. 7
Dritte Welt S. 28
Drittel S. 9
dru-cken S. 50
du, dein, dir, dich als vertrauliche Anrede;aber: auf Du und Du stehen, sie bot ihm das Du an S. 31
dunkel färben/streichen ... S. 34
dunkelblau, dunkelrot S. 45
im **Dunkeln tappen** S. 21
durch sein S. 37
durcheinander bringen/laufen/

schreien ... S. 36
durchgehen/-kommen/-lesen ... S. 42
ein **Dutzend** Eier, aber: einige
Dutzend/dutzend Farben

E

eben-: ebenda, ebenderselbe,
ebendeswegen
ebenso gut/häufig/schnell ...
an **Eides** statt, aber: eidesstattlich
eigen/Eigen: jemandem eigen sein
S. 37, sein eigenes Auto; etwas sein
Eigen nennen, etwas Eigenes, sich
etwas zu Eigen machen S. 21
ein: der, die, das eine; das eine und
das andere; vgl. ander-, viel, wenig
S. 23
einbläuen S. 12
einfach/das Einfachste: Es ist das
Einfachste, wenn ...; etwas Einfaches S. 21, aber: das einfachste
Problem der Welt
Einfluss S. 6
einig gehen
einmal: als Zahlwort kleingeschrieben:
Er ist einmal zu spät gekommen.
Bei Betonung ist Getrenntschreibung möglich: Erst ein Mal ist das passiert!
einschänken, Wein einschänken S. 12
einwärts drehen/gehen/gebogen S. 36
einzeln/Einzeln: der, die, das Einzelne; im Einzelnen, jeder Einzelne,
alles Einzelne; aber: einzelne Bücher
S. 21
einzeln stehend S. 40
einzig/Einzig: der, die, das Einzige;
als Einziges, kein Einziger S. 21,
aber: der einzige Gast
der **Eiserne Vorhang** (Eigenname:
Grenze zwischen Ost und West nach
dem 2. Weltkrieg) S. 28,
aber: der eiserne Vorhang vor der
Bühne
eisig kalt S. 39
Eis laufen, ebenso: Schlittschuh
S. 18/35, Ski laufen
Ekel erregend S. 35
elend/Elend: elend sein, mir ist
elend; aber: im Elend leben/sein
El-tern
Ende: am Ende sein, an allen Ecken
und Enden, zu Ende, letzten Endes,
Ende Juni, Ende vierzig
eng anliegend/befreundet/bedruckt
S. 34
englisch/Englisch → s. deutsch/
Deutsch S. 25
nicht im **Entferntesten**
entgegengehen/-kommen/-sehen
S. 42
entlanggehen/-fahren/-laufen S. 42
Entschluss S. 6
ein **Entweder-oder**
ernst/Ernst: ernst meinen/nehmen;
ernst zu nehmend; aber: Ernst
machen, es wurde Ernst S. 21
erste/Erste: das erste Mal, der erste
Tag, aber: der, die, das Erste, als
Erstes, fürs Erste; Ersteres;
vgl. auch acht (Zahlwort) S. 27
zum **ersten** Mal
die **erste Hilfe**: kein Eigenname;
S. 29, aber: der Erste Weltkrieg
(Eigenname) S. 28
ers-ter S. 49
E-sel S. 50
essbar S. 6
essen: Iss deine Suppe! S. 6
essenziell, auch: essentiell S. 16
etliche Mal(e)
etwas: etwas Bedeutendes/Großes ...,
aber: das ist etwas anderes;
jedoch: sie versuchte etwas ganz
Anderes (Neues)

existenziell, auch: existentiell S. 16
Exposee, auch: Exposé S. 15
Exzess S. 6

F

Facette, auch: Fassette
fahren: Auto/Rad/Roller fahren S. 18/S. 35
Fairness S. 6
fallen lassen S. 35
falsch spielen/schreiben S. 34
Fantasie, auch: Phantasie S. 14
fantastisch, auch: phantastisch S. 14
Fass S. 6
fassen: er fasst, er ist gefasst S. 6
Fassette → **Facette**
fast (= beinahe)
Fastfood, auch: Fast Food
Fe-bruar, auch: Feb-ruar S. 51
fehlgehen/-schlagen S. 42
fein mahlen/gemahlen S. 34
Feind sein/werden/bleiben
Fens-ter S. 49
fern: fern liegen/stehen S. 34/ sein S. 37, aber: fernbleiben, fernsehen S. 34
fertig bringen/bekommen/stellen S. 36/sein S. 37
fest: einen Strauß fest binden; fest verschließen; eine Hand fest halten S. 34; aber: festhalten (= schriftlich fixieren), sich festlegen; festnehmen; einen Termin festsetzen
fett gedruckt S. 34
Feuer fangen S. 35
Feuer speiend S. 35
fingerbreit S. 44: ein fingerbreites Band; aber: der Spalt ist einen Finger breit
fins-ter S. 49
im **Finstern tappen** S. 21

Fitness S. 6
Fleisch fressend S. 35
Fleiß, fleißig S. 7
Floß S. 7; aber: das Wasser floss S. 6
flöten gehen
Fluss S. 6
flussabwärts S. 6
Flusssand, auch: Fluss-Sand S. 9
Flussstrecke, auch: Fluss-Strecke S. 9
flüs-tern S. 49
Föhn (in der Bedeutung von Wind und Haartrockner) S. 12
föhnen S. 12
Folge: Folge leisten, aber: infolge, zufolge
Folgendes: das Folgende, im Folgenden, in Folgendem, mit Folgendem, alle Folgenden S. 21
fortfallen/-führen/-geben/-gehen S. 42
Fotografie, auch: Photographie S. 14
fotografieren, auch: photographieren S. 14
in **Frage** oder **infrage** kommen/ stellen S. 18
frei: frei bekommen (=nicht arbeiten müssen)/haben/sein/sprechen (ohne Manuskript); aber: freihalten (jmdn. im Restaurant), freilassen, freisprechen (= nicht verurteilen) S. 34
frei beweglich S. 34
frei lebend S. 34
Freitagabend, s. Abend
Fresssucht, auch: Fress-Sucht S. 9
freudestrahlend, aber: vor Freude strahlend S. 44
frisch gestrichen S. 34
frittieren
frohlocken S. 42
Frottee, auch: Frotté S. 15
früh verstorben S. 34
Funken sprühend S. 35

Furcht einflößend/erregend S. 35
fürlieb nehmen S. 37
Fuß, Füße S. 7
Fußball-WM S. 47
Fuß fassen S. 35

G

Gämse S. 11
ganz/Ganz: ganz und gar, eine ganze Menge, aber: das Ganze, als Ganzes, aufs Ganze gehen, im Großen und Ganzen
gar kochen S. 34
Gebiss S. 6
Gefahr: Gefahr bringend, Gefahr laufen S. 35
gefangen halten/nehmen/setzen ... S. 35
gegeneinander drücken/halten/ laufen/stellen/stoßen ... S. 36
geheim halten/tun S. 34
gehen lassen: jemanden gehen lassen; aber: sich gehenlassen (sich unbeherrscht benehmen) S. 35
die **gelbe Karte** S. 29
gelblich braun S. 39, aber: gelbbraun
geliefert bekommen
die **Gemeine Stubenfliege** S. 30
genau nehmen/genommen S. 34
Genuss S. 6
Geographie, auch: Geografie S. 14
Geografie, auch: S. 14
gerade biegen/halten/sitzen/stehen S. 34; aber: geradestehen (= für jemanden einstehen), steh gerade!
gering achten/schätzen S. 34; aber: nicht das Geringste, um ein Geringes, kein Geringerer als, nicht im Geringsten
geschenkt bekommen
ges-tern S. 49

gesund bleiben/erklären/sein/ pflegen/werden ...; aber: sich gesundbeten, jemanden gesundschreiben
getrennt lebend S. 35
getrennt schreiben S. 35
Getto, auch: Ghetto S. 14
Gewähr leisten S. 35 oder gewährleisten
gewiss S. 6
Ghetto → Getto S. 14
gießen S. 7
gleich/Gleich: gleich groß, gleich (= sofort) gehen, gleich (= egal) sein; aber: der, die, das Gleiche, Gleiches mit Gleichem vergelten, auf das Gleiche hinauslaufen, Gleich und Gleich gesellt sich gern S. 26
gleich lautend
glühend heiß/rot S. 39
die **goetheschen Dramen,** auch: die Goethe'schen Dramen S. 30
das **Goldene Kalb,** die Goldene Stadt (Prag) S. 28, aber: die goldene Hochzeit, der goldene Schnitt, das goldene Zeitalter S. 29
Grafik, auch: Graphik S. 14
Grammofon → Grammophon S. 13
grässlich S. 6
Gräuel S. 12
gräulich S. 12
Grauen erregend S. 35
grau meliert S. 40
Grislibär, auch: Grizzlybär
aus dem **Gröbsten** heraus S. 21
groß/Groß-: groß angelegt, groß gewachsen S. 34, aber: im Großen und Ganzen, Groß und Klein S. 26, etwas Großes
groß werden S. 34/sein S. 37/ schreiben (mit großer Schrift); aber: großschreiben (mit großem Anfangsbuchstaben)

die **Große Mauer** von China
(Eigenname) S. 28
großspurig S. 45
Grund: im Grunde; aufgrund oder
auf Grund, zugrunde oder zu Grunde
gehen
Gruß, grüßen S. 7
zu **Gunsten,** auch: zugunsten
gut gehen/gelaunt/gemeint S. 34/sein
S. 37/schreiben (= fehlerlos
schreiben)/tun/machen: Das hast du
gut gemacht!; aber: jemandem einen
Betrag gutschreiben, einen Schaden
wiedergutmachen
gut/das Gute: jenseits von gut und
böse, aber: alles Gute, des Guten
zuviel, im Guten wie im Bösen

H

halb: halb acht Uhr, halb und halb,
aber: eine Halbe Bier; halbleinen,
halbamtlich (Bedeutungsminde-
rung); aber: halb nackt, halb voll,
halb offen, ein halb langes Kleid
(Wortgruppen)
Halt machen S. 18
halt rufen; auch: er hat laut Halt ge-
rufen
Hämorrhoiden, auch: Hämorriden
S. 14
Handel treibend S. 18/S. 35
eine **Hand voll**
hängen bleiben/lassen (= im Stich
lassen) S. 35
Happyend, auch: Happy End
hart gekocht/gesotten S. 34
Hass S. 6
hässlich S. 6
Haus: nach/zu/von zu Hause; Haus
halten, auch: haushalten
heilig: Kleinschreibung: die heilige
Kommunion/Taufe, der heilige
Franziskus S. 29; Großschreibung: der
Heilige Abend, der Heilige Geist,
das Heilige Land, der Heilige Vater
(= Papst) S. 28
heilig sprechen/halten S. 34
**heimbringen/-gehen/-fahren/
-leuchten** ... S. 42
heimlich tun S. 34
heißblütig/-hungrig S. 45, aber: heiß
ersehnt/geliebt S. 40
Hekt-ar, auch: Hek-tar S. 51
hell leuchtend/strahlend S. 34;
aber: hellgelb/-hörig/-haarig S. 45
helllicht: am helllichten Tage S. 9
he-rab, auch: her-ab S. 51
herabfallen/-hängen/-setzen ... S. 42
heraufbringen/-kommen/-gehen ...
S. 42
her-aus, aber: he-raus S. 51
herausschauen/-kommen/-laufen ...
S. 42, aber: heraus sein S. 37
herbeilaufen/-eilen/-kommen ... S. 42
herkommen/-hören/-haben ... S. 42
her-ein, auch: he-rein S. 51
hereinkommen/-treten/-schauen ...
S. 42
her-um, auch: he-rum S. 51
herum sein S. 37
her-unter, auch: he-runter S. 51
herzlichst/Herzlichste: jemanden auf
das herzlichste/Herzlichste begrüßen
hier behalten/bleiben/sein S. 37
hierzulande oder **hier zu Lande**
Hilfe: Hilfe suchend, zu Hilfe
kommen, mit Hilfe oder mithilfe
hin-ab, auch: hi-nab S. 51
hinablaufen/-klettern/-springen ...
S. 42
hin-auf, auch: hi-nauf S. 51
hinaufklettern/-gehen/-schauen ...
S. 42
hin-aus, auch: hi-naus S. 51

hinaus laufen/-schauen/-gehen ... S. 42
hin-ein, auch: hi-nein S. 51
hineingehen/-sehen/-laufen ... S. 42
hinfallen/-werfen/-fahren ... S. 42
in **Hinsicht** auf, in dieser Hinsicht
hintereinander gehen/stellen ... S. 36
hinterherrennen/-blicken/-laufen S. 42
hinterher sein S. 37
hinüber sein S. 37
hinweg sein S. 37
Hobbys S. 15
hoch: hoch springen, hoch einschätzen S. 34, aber: hochnehmen, hochrechnen, eine Sache hochspielen, hochanständig (das Adjektiv *hoch* ist in diesen Fällen nicht steigerbar)
Hof halten S. 35
das **hohe Haus;** das hohe C S. 29; aber: das Hohe Lied, der Hohe Priester S. 28
Hotdog, auch: Hot Dog
hundert/Hundert: hundert Zuschauer, hunderte/Hunderte Menschen (= unbestimmte Menge), ein hundertstel Millimeter, vom Hundertsten ins Tausendste, vgl. auch acht (Zahlwort)
hungers sterben
hus-ten S. 49
Hy-drant, auch: **Hyd-rant** S. 51

Besonderen/Großen und Ganzen/Übrigen S. 21
imp-fen S. 49
imstande, auch: im Stande sein
im Trockenen sitzen S. 21
im Trüben fischen S. 21
in Bezug/Anbetracht
Indus-trie, Indust-rie oder Indu-strie S. 51
ineinander fließen/fügen/greifen/verlieben S. 36
infrage oder **in Frage** kommen/stellen S. 18, aber: das Infragestellen
innehaben/-halten/-werden, aber: inne sein S. 37
innere: das Innere, im Innern, im Innersten S. 21; die innere Medizin S. 29
in Schuss halten S. 6/18/35/sein S. 37
instand oder **in Stand** setzen/halten
ins Unermessliche steigern/wachsen ... S. 6/21
ins Volle greifen S. 21
inter-essant, auch: inte-ressant **S. 51**
i-Punkt
irgend: irgendwer, irgendwo, irgendetwas, irgendjemand, irgendwann, irgendwas aber: irgend so etwas, irgend so jemand
irreführen/-werden S. 35
sie **isst** S. 6
italienischer Salat S. 29
italienisch/Italienisch: s. deutsch/Deutsch S. 25

I

Icherzählung, auch: Ich-Erzählung S. 47
ihr, euer, euch als vertrauliche Anrede S. 31
im (= in dem) Allgemeinen/Argen/

J

ja: Ja sagen, auch: ja sagen; das Ja, mein Ja gilt, mit Ja stimmen, ein Ja aussprechen
jahrelang S. 44, aber: fünf Jahre lang
2-**jährig** S. 47

ein 2-**Jähriger** S. 47
jeder: ein jeder, jedermann, jederzeit; jeder Einzelne
jetzt und hier leben; das Jetzt und Hier ist wichtig
im **Jenseits,** aber: Der Ort muss jenseits der Grenze liegen.
Joghurt, auch: Jogurt S. 14
Jung und Alt S. 26, unser Jüngster ist zehn, das Jüngste Gericht S. 28

K

Kaiser
Kaffeeersatz, auch: Kaffee-Ersatz S. 9
Känguru S. 12
Karamell S. 10
Kas-ten S. 49
Katarrh, auch: Katarr S. 14
Katastrophe
kennen lernen S. 35
kess S. 6
Ketschup, auch: Ketchup S. 14
an **Kindes** statt
im **Klaren** sein S. 21
klar blicken/denken/sehen S. 34...; aber: mit einer Sache klarkommen, etwas klarlegen/klarstellen; ins Klare kommen
Klasse sein S. 37
klein kariert/gemustert S. 40
Groß und **Klein** S. **26**
kleinmütig S. 45
bis ins **Kleinste** S. 21
klein schneiden S. 34
klein schreiben (= mit kleiner Schrift schreiben oder gering achten) S. 34; aber: kleinschreiben (= mit kleinem Anfangsbuchstaben schreiben) s. groß schreiben/großschreiben
Klub, auch: Club

kochend heiß S. 39
Kommuniqué, auch: Kommunikee S. 15
Kompass S. 6
kom-plett, auch: komp-lett S. 51
Königliche Hoheit (Titel, deshalb Großschreibung) S. 30
Kopf: Kopf stehen S. 18; aber: Er kann gut kopfrechnen.
kos-ten S. 49
mit Ach und **Krach,** ebenso: das Hin und Her
krank: krank werden/sein S. 37/ bleiben S. 34, aber: krankschreiben, krankmelden
Krieg führend S. 18/35
krumm nehmen S. 34
kundgeben/-tun S. 42
kurz: über kurz oder lang S. 26, vor kurzem, binnen kurzem; den Kürzeren ziehen; kurz treten, aber: kurztreten (= sich zurückhalten, sich nicht zu sehr anstrengen)
kurzarbeiten: Sie müssen zwei Wochen kurzarbeiten. Aber: Er will nur mal kurz arbeiten und dann feiern.
Kuss S. 6
Küs-te S. 49

L

Ladys S. 15
lahm legen S. 34
hierzu**lande** oder hier zu **Lande**
landab/-auf/-aus/-ein
lang: seit langem, vor längerem, über kurz oder lang
des **Langen** und Breiten S. 21
langweilen S. 46
lassen: er lässt, aber: er ließ S. 6
auf dem **Laufenden** sein S. 21/37
Ski/Eis **laufen** S. 18

leer laufen/trinken/stehend S. 34; aber: ins Leere starren
leicht fallen/machen/bewaffnet/ entzündlich/verdaulich S. 34; aber: ein Leichtes S. 21
leid/Leid: einer Sache leid sein, aber: Leid tun, jemandem etwas zu Leide oder zuleide tun
leis-ten S. 49
letzt-: der, die, das Letzte S. 27, als Letztes, bis ins Letzte, Letzteres, sein Letztes geben, aber: letzten Endes, zum letzten Mal
lieb haben/gewinnen S. 34; aber: es wäre mir das Liebste
liegen lassen/bleiben, aber: das Liegenlassen
locker sitzen/machen, aber: nicht lockerlassen (= nicht nachgeben)
losreißen/-binden ..., aber: los sein S. 37
Lü-cke S. 50
lus-tig S. 49

M

Mag-net, auch: Ma-gnet S. 51
Majonäse, auch: Mayonnaise
mal/Mal: diesmal, einmal, zweimal, manchmal, aber: das erste Mal, ein einziges Mal, manches Mal, viele Male, von Mal zu Mal
Maschine schreiben, Maschine geschrieben S. 18/35
Maß halten S. 18, aber: maßregeln S. 41
Mayonnaise → **Majonäse**
Megaphon, auch: Megafon S. 13
Mein und Dein unterscheiden, ein Streit über Mein und Dein; die Meinen/meinen, das Meine/meine; aber: an meiner Statt

meist-: am meisten, die meisten, das meiste S. 23
Mesner, auch: Messner S. 10
Metapher
mies machen S. 34
Mikrofon, auch: Mikrophon S. 14
das **Mindeste/mindeste,** nicht im Mindesten/mindesten
missachten/-brauchen/-verstehen ... S. 6
mitmachen/-hören/-mischen ... S. 42
mit Hilfe/mithilfe eines Spiegels konnte ich es sehen
Mittag: gestern/heute/morgen Mittag Mittag machen; aber: mittags → vgl. Abend
Mitte Januar
Mö-blierung, auch: Möb-lierung S. 51
möglich: alles Mögliche, sein Möglichstes tun, Mögliches und Unmögliches verlangen
Mohär, auch: Mohair
Mopp S. 10
Morgen → s. Abend
Mü-cke S. 50
mündig sein S. 37/sprechen S. 34
müssen: er muss, er musste S. 6
Mus-ter S. 49
zu **Mute/zumute** sein
Muße S. 7
Myrrhe, auch: Myrre S. 14

N

im **Nachhinein**
Nachmittag → s. Abend
nächst-/Nächst-: der Nächste, bitte! S. 27, als Nächstes, aber: am nächsten wohnen
Nacht → s. Abend
nah: von nah und fern S. 26, von

nahem, des Näheren erklären
nahe bringen/stehen/legen S. 34
näher bringen/kommen/liegen/
stehen/treten S. 34
nass S. 6
nebeneinander legen/liegen/sitzen/
stehen/stellen S. 36
Necessaire, auch: Nessessär S. 16
nein: Nein sagen, auch: nein sagen;
das Nein, ein Nein aussprechen,
mit Nein stimmen
Nessessär → **Necessaire**
neu: neu eröffnet, neu bearbeitet,
neu einstudiert, von neuem, seit
neuestem, aber: aufs Neue, auf ein
Neues
das **Neue Testament** S. 28, aber: das
neue Jahr S. 29
die **Neue Welt** S. 28
nichtöffentlich oder **nicht öffentlich**
nicht rostend
nichts sagend
ni-cken S. 50
Hoch und **Nieder**
am **Nötigsten** fehlen
nur das **Nötigste** tun
Not leiden/lindern/sein/tun/werden
S. 18/35
der **Not Leidende/Notleidende**
in **Nöten** sein, aber: vonnöten sein
S. 37; zur Not
Nugat, auch: Nougat
null/Null: gleich null sein, drei zu
null, in null Komma nichts, aber:
die Null, sechs Nullen schreiben
Nulllösung, auch: Null-Lösung S. 9
nummerieren S. 10
Nuss S. 6
Nutzen: zu Nutze/zunutze machen,
der Nutzen, von Nutzen sein,
aber: unnütz sein

O

oben erwähnt/genannt/stehend
das **Obenstehende**/das **oben
Stehende**
O-fen S. 50
o-förmig
offen bleiben/halten/lassen/stehen
S. 34
des **Öfteren**
das **ohmsche/Ohm'sche** Gesetz
S. 30
das **olympische Feuer/Dorf** S. 29,
aber: die Olympischen Spiele S. 28
Orthographie, auch: Orthografie
S. 14
Os-ten S. 49
Os-tern S. 49

P

paar/Paar: ein paar Leute, ein Paar
Schuhe
pa-cken, aber: Pack-esel S. 50
Päd-a-go-gik, auch: Pä-da-go-gik
Paket, aber: Päckchen
Panther, auch: Panter S. 14
Pappmaschee, auch: Pappmaché S. 15
Paragraph, auch: Paragraf S. 13
par-allel, auch: pa-rallel S. 51
Partys S. 15
Pass S. 6
passee (= vergangen); auch: passé sein
S. 15
passen, es passt; der Pass **S. 6**
Pflas-ter S. 49
Phänomen
Phantasie → **Fantasie** S. 14
phantastisch → **fantastisch** S. 14
Philosophie
Phon, auch: Fon S. 14
Photographie → **Fotografie** S. 14

photographieren → **fotografieren** S. 14
Pirouette
die **platonische** Liebe S. 30
Platz machen/finden S. 18/35
Plattitüde, auch: Platitude
platzieren S. 10
pleite/Pleite: pleite sein S. 37, aber: Pleite gehen, machen S. 18/35
Polonäse, auch: Polonaise
polyphon, auch: polyfon S. 13
Pornografie, auch: Pornographie S. 14
Portmonee, auch: Portemonnaie S. 15
Potenzial, auch: Potential S. 16
potenziell, auch: potentiell S. 16
preisgeben S. 42
Preziosen, auch: Pretiosen S. 16
privat versichert S. 34
Prozess S. 6
Punkt acht Uhr

Q

Qua-drat, auch: Quad-rat S. 51
quadrophon, auch: quadrofon S. 13
Quäntchen (=ein wenig) S. 11
querfeldein laufen/gehen ...
quer gestreift/legen/schießen; in die Quere kommen

R

Rad fahren/schlagen S. 18/35
zu **Rande/zurande** kommen
Rat suchen S. 18/35; die Rat Suchenden; auch: die Ratsuchenden
zu **Rate/zurate** ziehen
rau: raubeinig, rauhaarig, Raufaser S. 12

Rauheit S. 12
recht tun/sein, sich recht verhalten; rechtens
Recht behalten/bekommen/geben/haben/sprechen S. 18/35; zu Recht/zurecht, mit Recht
Rede und Antwort stehen
Regierender Bürgermeister S. 30
Arm und **Reich** S. 26
rein halten S. 34
im **Reinen** sein S. 21/37
ins **Reine** bringen/kommen/schreiben S. 21
Respekt einflößend S. 18/35
Restaurant
Rhabarber
Rheuma
Rhythmus
richtig/Richtig-: richtig machen/stellen/liegen/gehend (eine richtig gehende Uhr); aber: richtiggehend (eine richtiggehende Verleumdung); der, die, das Richtige sein/tun, es für das Richtigste halten
Riss S. 6
Rohheit S. 12
rosig weiß S. 39
Ross S. 6
bei **Rot** stehen bleiben
der **rote Faden** S. 29
die **rote Liste** S. 29
das Rote Meer, die Rote Armee S. 28
rückenschwimmen S. 42
rückwärts fahren/schauen/gehen ... S. 37
ruhen lassen S. 35
ruhig stellen S. 34
Ruß S. 7

S

Samstagabend → s. Abend
sauber halten/schreiben/sein ... S. 34
Saxophon, auch: Saxofon S. 14
schade/Schaden: schade sein, aber: Schaden nehmen, zu Schaden kommen
Schänke (Ausschank) oder **Schenke** (ausschenken)
Scharm → **Charme**
scharmant → **charmant**
schätzen lernen S. 35
scheußlich S. 7
Schi → **Ski**
schick, auch: chic; Beachte: Das Kleid ist chic. Aber: das schicke Kleid (*chic* = unflektierbar)
schi-cken S. 50
Schikoree → **Chicorée**
der **Schiefe Turm von Pisa** S. 28
Schifffahrt, auch: Schiff-Fahrt S. 9
Schlag acht Uhr
schlafwandeln S. 42
Schlägel (= Schlagwerkzeug)
Alarm/ein Rad **schlagen** S. 18/35
Schlange stehen S. 18/35
schlecht gehen/beraten/machen/bezahlt/gelaunt S. 34
Schlegel (= Reh-, Kalbskeule)
auf das **Schlimmste** gefasst S. 6/21
Schlittschuh laufen S. 18/35
Schloss S. 6
Schluss S. 6
schlussfolgern S. 6/41
Schlusssatz, auch: Schluss-Satz S. 9
schmerzstillend, aber: den Schmerz stillend, ein schmerzstillendes Mittel; aber: Das war ein den Schmerz stillendes Mittel.
schnäuzen S. 11
schön: schön schreiben/reden S. 34, aber: schönfärben, schönreden (= beschönigen)
Schoß (Mutterleib) S. 7
Schoss (= junger Trieb) S. 6
schreiben lernen S. 35
Schritttempo, auch: Schritt-Tempo S. 9
schuld/Schuld: schuld sein, aber: Schuld geben/haben/tragen, zu Schulden/zuschulden kommen lassen; schuldig sprechen
schwach bevölkert S. 34
in **Schuss** haben/halten S. 6/18/35
schwarzarbeiten/-fahren/-hören/-sehen S. 42
schwarz: schwarz auf weiß, schwarzweiß malen, aus Schwarz Weiß machen, das schwarze Brett, die schwarze Liste, die schwarze Magie, der schwarze Peter, das schwarze Schaf S. 29
schwer nehmen/fallen/tun S. 34
schwer behindert/erziehbar S. 40; aber: schwerstbehindert S. 45
schwerbeschädigt (arbeitsunfähig) S. 46; aber: Das Auto war schwer beschädigt S. 34.
Schwes-ter S. 49
Seeelefant, auch: See-Elefant S. 9
jedem das **seine/Seine** S. 21
sein lassen S. 35
Seite: auf Seiten/aufseiten, von Seiten/vonseiten, zu Seiten/zuseiten
seitwärts ausweichen/gehen ... S. 37
Sie, Ihr, Ihnen (höfliche Anrede) S. 31
selbständig oder **selbstständig** S. 13
selig machen/preisen/sprechen/sein S. 34/37
s-förmig, S-förmig
sicher gehen/stellen S. 34/sein S. 37; auf Nummer Sicher/sicher gehen
Si-gnal, auch: Sig-nal S. 51

Silhouette
Sinn geben/haben ... S. 18/35
von Sinnen sein S. 37
sitzen bleiben (in der Schule und auf dem Stuhl) S. 35
Ski laufen, auch: Schi laufen S. 18/35
sodass, auch: so dass S. 6
solch-: ein solches Durcheinander; ein solches steht zur Diskussion
so viel/oft/genannt/sehr/weit (bei Betonung des so: so viel Geld); aber: soviel/sooft/soweit (Konjunktion: soviel ich weiß)
Soufflé, auch: Soufflee S. 15
Spaghetti, auch: Spagetti S. 14
spät: spät geboren S. 34, aber: der Spätgeborene; von früh bis spät
spazieren gehen/fahren/reiten S. 35
im Speziellen
Sphäre
Karten/Klavier/Cello ... spielen S. 18/35
sprechen lernen s. 35
Staat
außer Stande/außerstande sein S. 18/37
Stängel S. 12
standhalten S. 35/42
stark besiedelt/bevölkert S. 34
statt seiner/dass S. 6, aber: stattdessen
stattfinden S. 35/42
Staub saugen S. 18/35 oder staubsaugen, aber: Staubsauger, das Staubsaugen
stecken bleiben/lassen S. 35
an Stelle/anstelle
Stenografie, auch: Stenographie S. 14
Ste-phan S. 49
Stepptanz, Stepp tanzen S. 10
der Stille Ozean S. 28
Stopp (auf Verkehrsschildern: Stop) S. 10

Storys S. 15
strahlend hell S. 39
vor Freude strahlend
Strauß S. 7
streng nehmen/genommen S. 34
Stress S. 6
Stresssituation, auch: Stress-Situation S. 9
Strophe
Stuckateur S. 10
stundenlang, aber: drei Stunden lang
Sturm laufen/läuten S. 18/35
substanziell, auch: substantiell S. 16
su-chen S. 49

T

zu Tage/zutage bringen/fördern/treten
Tango/Walzer tanzen S. 18/35
taubstumm S. 45
ein paar tausend/Tausend
teilhaben/-nehmen S. 35/41
Teilzeit arbeiten S. 18/35
T-förmig
Theater
Theke
Thron
Thunfisch, auch: Tunfisch S. 14
tief empfinden/sitzen S. 34; aber: tiefgefroren, tiefernst S. 45
Tipp S. 10
Tollpatsch S. 10
Tourist
Trab laufen S. 18/35
Trainer
transchieren, auch: tranchieren
Trekking, auch: Trecking
Triumph
tro-cken S. 50
trocken/das Trockene; trocken: Die Wäsche wird trocken geschleu-

dert (in trockenem Zustand); aber:
trockenschleudern: Die Wäsche wird
trockengeschleudert (durch Schleudern trocknen); auf dem Trockenen
sitzen/sein
tropfnass S. 6/45
T-Shirt S. 47
im **Trüben** fischen S. 21
tschüs!, auch: tschüss! S. 6
Tunfisch → **Thunfisch** S. 14

U

übel nehmen/wollen S. 34,
übel gelaunt
übereinander legen/stehen/
stapeln ... S. 36
überhand nehmen S. 36
überschwänglich S. 12
übersehen/-setzen/-zeugen/-winden ...
S. 42
übrig/Übrig-: übrig bleiben/lassen/
sein ... S. 37; alles Übrige, alle
Übrigen, im Übrigen, ein Übriges
tun
U-fer S. 50
umfahren/-schreiben/-stellen ... S. 42
um ein Bedeutendes/Beträchtliches
größer
umso mehr/weniger
die **Umstehenden**
eine Anzeige gegen **unbekannt**
ein **Unbekannter**
ungewiss S. 6
im **Ungewissen** bleiben/lassen
S. 18/21
ins **Ungeheure** steigern S. 21
Unheil bringen/verkündend S. 18
(sich) im **Unklaren** befinden
S. 18/21; sein
Unmögliches verlangen S. 21
unrecht/Unrecht: unrecht handeln:
Er hat unrecht (= falsch) gehandelt;
aber: Unrecht haben (= nicht Recht
haben), ein Unrecht tun, es ist ihm
Unrecht geschehen, zu Unrecht
verdächtigen
untereinander legen/schreiben/
stellen ... S. 36
unterschlagen
unzählige/Unzählige: unzählige
Menschen, unzählige Mal; aber:
Zum Konzert kamen Unzählige.
S. 22

V

Vandalismus oder **Wandalismus**
Varietee, auch: Varieté S. 15
verbläuen S. 12
im **Verborgenen** S. 21
vereinzelt/Vereinzelte: vereinzelte
Bäume, aber: Nur Vereinzelte sind
gekommen.
vergessen, er vergisst S. 6, er vergaß
S. 7
verloren gehen/geben ... S. 34
Verschiedenes: Verschiedenes war zu
besprechen. S. 39.
Vertrauen erwecken/erweckend
S. 18/35
viel: die vielen, vieles, das viele
(vgl. wenig, der andere) S. 23
vieldeutig S. 44
viel befahren/beschäftigt ... S. 34
um ein **Vielfaches** größer, aber:
vielfaches Geschrei
Viertel vor sieben, aber: viertel
sieben (Uhr)
eine **viertel Stunde** oder eine
Viertelstunde
vis-a-vis, auch: vis-à-vis
voll: vollenden/-bringen/-strecken ...
S. 43; aber: voll füllen/laden/

laufen/sein
aus dem **Vollen** schöpfen S. 21
vollklimatisiert S. 45
vor-ab, auch: vo-rab S. 51
vor-an, auch: vo-ran S. 51
vorangehen/-kommen ... S. 42
vorauseilen/-laufen/-sagen ... S. 42
im **Voraus**
vorbeilaufen/-eilen/-gehen ... S. 42;
aber: vorbei sein S. 37
vorlieb nehmen S. 37
Vormittag → s. Abend
vorsprechen/-zeigen/-treten ... S. 42
vorwärts blicken/gehen/kommen ... S. 37
vorwegnehmen S. 42, aber: vorweg sein S. 37

W

wach bleiben S. 34/sein S. 37,
aber: wachrütteln S. 42
Waggon, auch: Wagon
Walzer tanzen S. 18/35
wahr bleiben/machen/werden S. 34;
aber: nicht wahrhaben (= nicht glauben), wahrnehmen, wahrsagen S. 42
Wandalismus → **Vandalismus**
warm halten/stellen S. 34; aber: sich jemanden warmhalten S. 42
war-um, auch: wa-rum S. 51
wa-schen S. 49
Wasser abweisend S. 18/35
wässrig, auch: wässerig S. 6
das **Weder-noch**
zu **Wege**/zuwege bringen
von Amts **wegen**
weh sein/werden S. 37, aber: wehklagen, wehtun S. 42
weich gekocht S. 40
weismachen S. 42

weissagen S. 42
ich **weiß**, du **weißt** S. 7, er **wusste** S. 6
blendend **weiß** S. 39
Weißer Sonntag S. 28
das **Weite suchen** S. 18/21/35
weit-/Weiter-: des Weiteren, im Weiteren, alles Weitere, aber: ohne weiteres, bei weitem, bis auf weiteres
weit gereist/reichend/verbreitet S. 40
weitergehen/-sagen/-fahren ... S. 42
das **Weiße Haus** S. 28
der **weiße Tod** S. 29
wenig: weniges, die wenigsten, ein wenig, das wenige S. 23
im **Wesentlichen** S. 21
das **Wesentliche** S. 21
Wes-te S. 49
der **Westfälische Friede** S. 30;
aber: der westfälische Schinken S. 29
wetteifern S. 42
wettmachen S. 35/42
Wettturnen, auch: Wett-Turnen S. 9
wiedersehen S. 42
wiederbekommen S. 42, aber: wieder (= erneut) bekommen
wiederholen S. 42, aber: wieder (= erneut) holen
wie viel: Wie viel kostet das?
wie viele: Wie viele sind abgereist?
auf/Auf **Wiedersehen** sagen
das Für und **Wider** S. 26
guten **Willens**
um ... **willen**: Um seiner Kinder willen.
winzig klein S. 39
wissbegierig S. 6/45
wohl behütet/durchdacht/ergehen/tun S. 40
wohlhabend S. 42/45
wohlan
wohlauf

wund liegen S. 34
wundernehmen S. 41
Wunder was glauben

X

x-/X-beinig
x-/X-förmig

Y

y-Achse

Z

Zähheit S. 12
die Zahllosen S. 22
die Zahlreichen S. 22
zart besaitet/fühlend S. 40
zartblau, zartrosa S. 45
Zeit: zeitlebens/zeit seines Lebens; zur Zeit/zurzeit; zu Zeiten/zuzeiten; derzeit
Zierrat S. 12
zigtausende/Zigtausende: Es kamen ...
Zi-ther S. 49
mit Zittern und Zagen
Zooorchester, auch: Zoo-Orchester S. 9
zu Eigen machen
zueinander finden/passen ... S. 36
zufrieden sein S. 37/lassen/stellen/ geben S. 34
zu Hause/zuhause bleiben/sein
zu Hilfe kommen
zugrunde/zu Grunde gehen/richten
zugunsten/zu Gunsten S. 18
zu Lande
zulasten auch: zu Lasten S. 18
zuleide auch: zu Leide S. 18

zumute auch: zu Mute sein S. 37
zunichte machen S. 36
zunutze machen S. 36
zupass kommen S. 6/36
zurande auch: zu Rande kommen
zurate auch: zu Rate ziehen
zurechtkommen/-legen/-machen ... S. 42
zurückhalten/-senden/-stehen/ -kommen ... S. 42, aber: zurück sein S. 37
zuschulden auch: zu Schulden kommen lassen
zuseiten auch: zu Seiten
zustande auch: zu Stande bringen
zuteil werden
zu viel
zuwege auch: zu Wege bringen
zu wenig
zweifach, auch: 2fach S. 47
der Zweite Weltkrieg S. 28
Zu-cker S. 50
Zy-klus, auch: Zyk-lus S. 51

Stichwortverzeichnis / Fachausdrücke

Adjektiv = Eigenschaftswort *(blau)*
Adverb = Umstandswort *(heute)*
Anführungszeichen 57
Anrede 31
Apostroph = Auslassungszeichen .. 30
Artikel = Geschlechtswort *(ein, der)*

Bindestrich 9, 47-48
Bindewort = Konjunktion *(und)*
Briefe (Anrede) 31

ck 10, 50

dass 6
Delphin/Delfin 14
Diktate 58-64
Diphthong = Doppellaut *(ei, eu)*
Doppellaut = Diphthong *(au, äu)*
Doppelpunkt 32
doppelter Mitlaut 10
drei gleiche Buchstaben treffen
  zusammen 9, 48

Eigennamen 28-30
Eigenschaftswort = Adjektiv
  (dunkel, klein)
Empfohlene Schreibweise 65

f statt *ph* 13-14
Farbbezeichnungen 24-25
Fremdwörter 13-16, 51
Fürwort = Pronomen *(du, er)* 31

Geschlechtswort = Artikel *(der)*
Getrennt- und Zusammen-
  schreibung 33-48
  (siehe auch Inhaltsverzeichnis ganz vorne)
Getrenntschreibung 33-40
Groß- und Kleinschreibung 18-32
  (siehe auch Inhaltsverzeichnis ganz vorne)

Grundform = Infinitiv *((zu) gehen)*
Grundzahl = Kardinalzahl
  (eins, fünf) 28

Hauptvariante 65-66

Infinitiv = Grundform/Nennform
  des Verbs *((zu) laufen)*

Kardinalzahl = Grundzahl
  (sechs, zwei) 28
Kleinschreibung 18-32
Komma 52-57
Konjunktion = Bindewort *(weil, und)*
Konsonant = Mitlaut *(r, s ...)*
Konsonantenverdoppelung 10-11

letzt 27

Mitlaut = Konsonant *(m, t ...)*
Mitlautverdoppelung 10-11
Mittelwort = Partizip
  (singend/gesungen)

Nebenvariante 65-66
nächst 27
Namenwort = Substantiv
  (Albtraum)

Ordnungszahl/Ordinalzahl
  (erste, dritte) 27-28
Orthografie/Orthographie =
  Rechtschreibung

Paarformeln *(Jung und Alt)* 26-27
Partizip = Mittelwort *(lachen/gelacht)*
Personennamen 28-30
ph → *f* 13-14
Präposition = Verhältniswort *(auf)*
Pronomen = Fürwort *(sie, wir)* 31

Regeln: die wichtigsten
Änderungen 5

s-Schreibung *(s, ss, ß)* 6-8
Schnell-Übersicht: die wichtigsten
Änderungen 5
sein (Verbindungen mit *sein*,
z.B. *fertig sein*) 37
Selbstlaut = Vokal *(a, e ...)*
Silbentrennung 49-51
Sprachbezeichnungen
(englisch) 24-25
st (Trennung) 49
Steigerung *(schön, schöner,
am schönsten)* 24-25,
33-34,40
Substantiv = Namenwort,
Hauptwort, Nomen *(Föhn, Tipp)*
Substantivierung: ein Wort zum
Substantiv erheben *(neu* →
das Neue) 21-28
Superlativ = Höchststufe
(am besten) 24-25

Tageszeiten (Großschreibung). 20-21
Trennbarkeit von Zusammen-
setzungen 41-42
Trennung/Worttrennung 49-51
tz 10

Übersicht: die wichtigsten
Änderungen 5,
(siehe auch bei Zusammenfassungen)
Übungsdiktate 58-64
Umlaut, z.B. ä 11-12
Umstandswort = Adverb *(dort)*
und (Komma vor *und*) 52
untrennbare Zusammen-
setzungen 41-46

Verb = Zeitwort *(fahren, schreiben)*
Verhältniswort = Präposition *(in)*
Vokal = Selbstlaut *(a, e)*

Wörterverzeichnis 65-82
wörtliche Rede 57
Worttrennung 49-51

Zahlwort/Zahladjektiv = Numerale
(drei, viel, zahlreich) 22-23,
27-28, 47-48
Zeichensetzung 52-57
Zeitwort = Verb *(laufen)*
Zusammenfassungen:
* Laute und Buchstaben 17
* Groß- und Kleinschreibung 32
* Getrenntschreibung
  bei Zeitwörtern 38
  bei Eigenschaftswörtern 40
* Zusammenschreibung
  bei Zeitwörtern 43
  bei Eigenschafts-/Mittelwörtern. 46
siehe auch Übersicht 5
zulässige Schreibweise 65
Zusammen- und
Getrenntschreibung 33-48
(siehe auch Inhaltsverzeichnis ganz vorne)
Zusammenschreibung 34,35,
40, 41-46
Zusammensetzungen 41-46, 48,
50-51